Mathématique · 1re année du 2e cycle du primaire

L'agent math

Cahier d'exercices

Claudine Aubé

Chantal Bergeron

Karina Sauvageau

LES ÉDITIONS
CEC

9001, boul. Louis-H.-La Fontaine, Anjou (Québec) Canada H1J 2C5
Téléphone : (514) 351-6010 • Télécopieur : (514) 351-3534

Direction de l'édition
Claude Fortin

Direction de la production
Danielle Latendresse

Direction de la coordination
Rodolphe Courcy

Charge de projet
Dany Cloutier

Révision linguistique
Marie Auclair

Correction d'épreuves
Marie Théorêt

Conception graphique

Réalisation technique

Illustrations
Thomas Gibault, représenté par Miss Illustration

REMERCIEMENTS
Les auteures et l'Éditeur tiennent à remercier les personnes
suivantes pour leurs commentaires et leurs suggestions
au cours de la rédaction de ce cahier.

Consultant scientifique
Raymond Forget, conseiller pédagogique et enseignant
en mathématiques retraité

Consultantes pédagogiques
Élise Cardinal, enseignante
à la Commission scolaire de la Seigneurie-des-Mille-Îles

Martine Gagnon, enseignante
à la Commission scolaire de l'Énergie

L'agent math 003, Cahier d'exercices
© 2013, Les Éditions CEC
9001, boul. Louis-H.-La Fontaine
Anjou (Québec) H1J 2C5

Dépôt légal : 2013
Bibliothèque et Archives nationales du Québec
Bibliothèque et Archives Canada

ISBN 978-2-7617-6136-9 (Cahier d'exercices)

Imprimé au Canada
1   2   3   4   5   17   16   15   14   13

Bienvenue dans l'univers de L'agent math

L'agent math 003 est un agent très spécial… Il détient entre ses mains des informations secrètes qu'il s'empresse de te dévoiler. Grâce à ses secrets et astuces, tu découvriras qu'il est facile d'apprendre les mathématiques.

Structure et organisation du cahier d'activités

Le cahier **L'agent math 003** est une ressource essentielle qui permet aux élèves de consolider leurs apprentissages et d'approfondir leurs connaissances en mathématique. Toutes les notions théoriques ciblées par le programme de mathématique de la 1re année du 2e cycle en arithmétique, géométrie, mesure, statistique et probabilité y sont exploitées.

Le cahier d'activités comprend six sections. Chacune d'elles est divisée en unités et présente les rubriques suivantes :

- La rubrique **Ce que je sais**, placée au début du cahier, propose des exercices permettant de réviser les notions théoriques abordées l'année scolaire précédente.

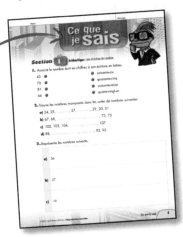

- Chaque section débute par un **sommaire** complet.

Chaque **unité** est associée à un savoir essentiel ciblé par le programme de mathématique.

- Des **exemples** pratiques en lien avec la notion abordée sont présentés sous forme de schémas, d'illustrations, etc. Ils donnent aux élèves certaines pistes ou leur proposent des stratégies pour faire les activités d'apprentissage.

- Des **capsules** présentent des informations complémentaires et captivantes en lien avec certaines notions traitées dans l'unité. Le contenu de ces capsules peut servir de repère culturel en lien avec les mathématiques.

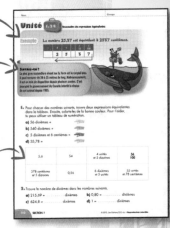

- Des **exercices variés** permettent aux élèves de vérifier, de structurer et de consolider leur compréhension des notions théoriques.

- À la fin de chaque bloc d'apprentissage, la rubrique **Activités synthèse** propose des exercices qui permettent de réviser les principales notions abordées.

- Le cahier comporte finalement un **lexique mathématique** qui présente des définitions de la majorité des concepts étudiés tout au long des six sections.

Table des matières

Ce que je sais 1

Section 1 — Arithmétique : sens et écriture des nombres

Nombres naturels inférieurs à 100 000

1.1	Compter ou réciter la comptine des nombres naturels	13
1.2	Dénombrer des collections réelles ou dessinées	14
1.3	Lire et écrire tout nombre naturel	15
1.4	Représenter les nombres naturels de différentes façons	16
1.5	Composer ou décomposer un nombre naturel de différentes façons	17
1.6	Reconnaître des expressions équivalentes	18
1.7	Comparer entre eux des nombres naturels	19
1.8	Ordonner des nombres naturels par ordre croissant ou décroissant	20
1.9	Décrire, reconnaître et classer des nombres naturels	21
1.10	Situer des nombres naturels à l'aide de différents supports	23
1.11	Faire une approximation d'une collection réelle ou dessinée	24
Activités synthèse		25

Fractions

1.12	Représenter une fraction de différentes façons à partir d'un tout ou d'une collection	28
1.13	Associer une fraction à une partie d'un tout ou d'un groupe d'objets et vice-versa	30
1.14	Reconnaître différents sens de la fraction (partage et division)	32
1.15	Distinguer le rôle du numérateur de celui du dénominateur	34
1.16	Lire et écrire une fraction	35
1.17	Comparer une fraction à 0, à $\frac{1}{2}$ ou à 1	36
1.18	Vérifier l'équivalence de 2 fractions	38
1.19	Construire un ensemble de fractions équivalentes	40
Activités synthèse		42

Nombres décimaux

1.20	Représenter des nombres décimaux de différentes façons	46
1.21	Lire et écrire des nombres écrits en notation décimale	47
1.22	Comprendre le rôle de la virgule	48
1.23	Composer et décomposer un nombre écrit en notation décimale	49
1.24	Reconnaître des expressions équivalentes	50
1.25	Situer des nombres décimaux sur un axe de nombres	51
1.26	Comparer entre eux des nombres décimaux	52
1.27	Faire une approximation	53
1.28	Ordonner des nombres décimaux par ordre croissant ou décroissant . . .	54
1.29	Associer une fraction à un nombre décimal	55
Activités synthèse		56

Section 2 Arithmétique : sens des opérations et opérations sur les nombres

Nombres naturels

2.1 Faire une approximation du résultat de l'une ou l'autre des opérations sur les nombres naturels 59

2.2 Reconnaître les opérations à effectuer dans la situation 60

2.3 Développer des processus de calcul écrit (addition) 63

2.4 Développer des processus de calcul écrit (soustraction) 64

2.5 Développer des processus de calcul écrit (addition et soustraction) 65

2.6 Traduire une situation à l'aide de matériel concret, de schémas ou d'équations et vice-versa
(addition et soustraction) 66

2.7 Développer des processus de calcul écrit (multiplication) 68

2.8 Développer des processus de calcul écrit (division) 70

2.9 Développer des processus de calcul écrit (multiplication et division) 72

2.10 Traduire une situation à l'aide de matériel concret, de schémas ou d'équations par disposition
rectangulaire, addition répétée, produit cartésien, aire, volume, soustraction répétée, partage,
contenance et comparaison (sens de la multiplication et de la division) 73

2.11 Établir la relation d'égalité entre des expressions numériques 75

2.12 Déterminer des équivalences numériques à l'aide de relations entre les 4 opérations ($+, -, \times, \div$),
la commutativité ($+, \times$), l'associativité et la distributivité de la multiplication sur l'addition
ou la soustraction 76

2.13 Déterminer un terme manquant dans une équation 78

2.14 Décrire dans ses mots et à l'aide du langage mathématique des suites de nombres
et des familles d'opérations 81

Activités synthèse 83

Nombres décimaux

2.15 Faire une approximation du résultat d'une addition ou d'une soustraction 86

2.16 Développer des processus de calcul écrit : additionner des nombres décimaux dont le résultat
ne dépasse pas la position des centièmes 87

2.17 Traduire une situation à l'aide de matériel concret, de schémas ou d'équations et vice-versa
(addition et soustraction) 88

2.18 Développer des processus de calcul écrit : soustraire des nombres décimaux dont le résultat
ne dépasse pas la position des centièmes 90

2.19 Traduire une situation à l'aide de matériel concret, de schémas ou d'équations et vice-versa
(multiplication et division) 92

2.20 Déterminer des équivalences numériques à l'aide des relations entre les opérations 94

Activités synthèse 95

Section 3 Géométrie

3.1 Effectuer des activités de repérage dans un plan 98

3.2 Effectuer des activités de repérage sur un axe 101

3.3 Repérer des points dans un plan cartésien 104

3.4 Décrire des prismes et des pyramides à l'aide de faces, de sommets et d'arêtes 107

3.5 Classifier des prismes 110

3.6 Classifier des pyramides 113

3.7 Développer un prisme et associer le développement de sa surface au prisme correspondant 116

3.8 Développer une pyramide et associer le développement de sa surface à la pyramide correspondante 119

3.9 Décrire des polygones convexes et non convexes 122

3.10 Identifier et construire des droites parallèles et des droites perpendiculaires 124

3.11 Décrire des quadrilatères 126

3.12 Observer et produire des régularités à l'aide de figures géométriques 129

3.13 Observer et produire des frises à l'aide de la réflexion 131

3.14 Observer et produire des dallages à l'aide de la réflexion 134

Activités synthèse 137

Section 4 Mesure

4.1 Estimer et mesurer les dimensions d'un objet à l'aide d'unités conventionnelles 142

4.2 Établir des relations entre les unités de mesure de longueur 145

4.3 Calculer le périmètre de figures planes 147

4.4 Estimer et mesurer l'aire de surfaces à l'aide d'unités non conventionnelles 150

4.5 Estimer et mesurer des volumes à l'aide d'unités non conventionnelles 154

4.6 Comparer les angles 157

4.7 Estimer et mesurer des capacités et des masses 159

4.8 Estimer et mesurer le temps 161

4.9 Estimer et mesurer des températures 163

Activités synthèse 164

Section 5 Statistique

5.1 Formuler des questions d'enquête 168

5.2 Collecter, décrire et organiser des données 169

5.3 Interpréter des données à l'aide d'un tableau ou d'un diagramme 171

5.4 Représenter des données à l'aide d'un tableau ou d'un diagramme 174

Activités synthèse 176

Section 6 Probabilité

6.1 Reconnaître la variabilité des résultats possibles 180

6.2 Reconnaître l'équiprobabilité 182

6.3 Prédire un résultat ou plusieurs événements en utilisant une droite des probabilités 184

6.4 Dénombrer les résultats possibles d'une expérience aléatoire 187

6.5 Distinguer la prédiction du résultat obtenu 190

Activités synthèse 192

Lexique 195

Ce que je Sais

Section 1 — Arithmétique : sens et écriture des nombres

1. Associe le nombre écrit en chiffres à son écriture en lettres.

45 ●   ● soixante-six

76 ●   ● quarante-cinq

81 ●   ● soixante-seize

66 ●   ● quatre-vingt-un

2. Trouve les nombres manquants dans les suites de nombres suivantes.

a) 24, 25, _____, 27, _____, 29, 30, 31

b) 67, 68, _____, _____, _____, 72, 73

c) 102, 103, 104, _____, _____, 107

d) 88, _____, _____, _____, 92, 93

3. Représente les nombres suivants.

a)	36
b)	27
c)	19

4. Combien de pommes y a-t-il dans chacune des représentations suivantes?

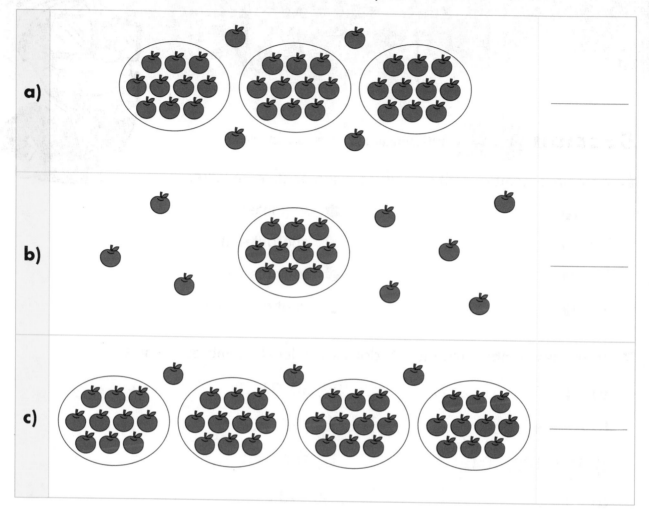

a) _____

b) _____

c) _____

5. Quel nombre est représenté dans le tableau de numération?

c	d	u
✗ ✗ ✗ ✗	✗ ✗ ✗ ✗ ✗ ✗	✗ ✗

a) = _____

c	d	u
✗ ✗ ✗	✗ ✗ ✗ ✗ ✗ ✗ ✗ ✗ ✗ ✗	✗ ✗ ✗ ✗ ✗ ✗ ✗ ✗

b) = _____

6. Associe les nombres à leur décomposition.

5c + 3d + 8u ●   ● 509

5c + 9u ●   ● 524

4c + 12d + 4u ●   ● 538

7. Compose les nombres suivants.

a) 6c + 4d + 9u = _____

b) 7c + 8d + 10u = _____

8. Encercle les encadrés où l'on retrouve 2 expressions équivalentes.

| 8 + 13 et 9 + 12 |

| 25 − 6 et 10 + 8 |

| 16 + 7 et 25 − 2 |

| 6 + 7 et 7 − 6 |

9. Compare les nombres suivants en utilisant les symboles >, < ou =.

a) 254 ◯ 245

b) 476 ◯ 496

c) 57 ◯ 75

10. Place les nombres suivants par ordre croissant.

465   438   406

418   460   487

11. Place les nombres suivants par ordre décroissant.

820   802   813

809   890   831

12. Place les nombres dans le bon ensemble.

234   245   106   73   45   2

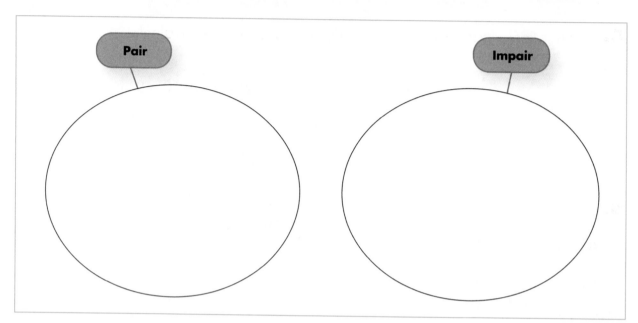

Pair   Impair

13. Estime puis calcule le nombre de balles situées dans ce rectangle.

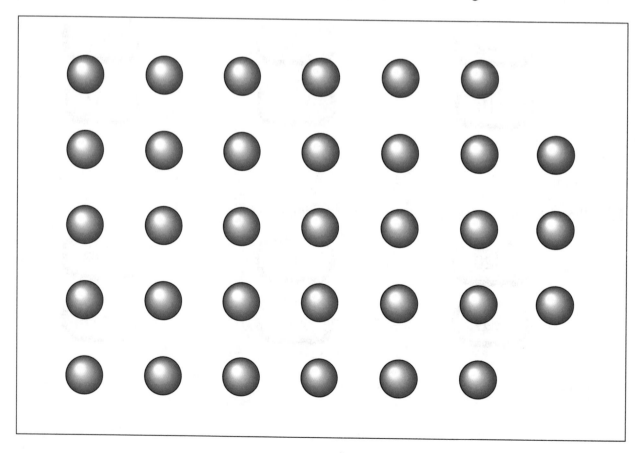

Estimation : _____   Nombre de balles : _____

14. Colorie les formes circulaires selon la légende.

Légende :

 les formes séparées en demies

 les formes séparées en tiers

 les formes séparées en quarts

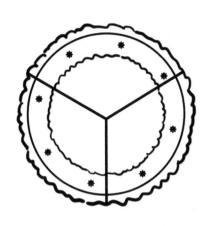 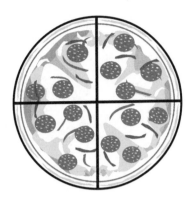 

15. Encercle la moitié de l'ensemble des soleils.

16. Encercle les deux tiers de l'ensemble des nuages.

17. Encercle les trois quarts de l'ensemble des flocons.

Section 2

Arithmétique : sens des opérations et opérations sur les nombres

1. Illustre les opérations suivantes et trouve le résultat.

	Opération	Représentation	Résultat
a)	37 + 12		_____
b)	28 – 7		_____
c)	47 + 25		_____
d)	72 – 16		_____

2. Effectue les additions suivantes.

a)
$$\begin{array}{r} 212 \\ +\ 524 \\ \hline \end{array}$$

b)
$$\begin{array}{r} 439 \\ +\ \ 50 \\ \hline \end{array}$$

c)
$$\begin{array}{r} 373 \\ +\ 414 \\ \hline \end{array}$$

d)
$$\begin{array}{r} 603 \\ +\ 271 \\ \hline \end{array}$$

3. Effectue les soustractions suivantes.

a)
$$\begin{array}{r} 467 \\ -\ 123 \\ \hline \end{array}$$

b)
$$\begin{array}{r} 693 \\ -\ 451 \\ \hline \end{array}$$

c)
$$\begin{array}{r} 512 \\ -\ 411 \\ \hline \end{array}$$

d)
$$\begin{array}{r} 204 \\ -\ 103 \\ \hline \end{array}$$

4. Trouve le terme manquant dans chaque opération.

a) $14 + \underline{\hspace{2cm}} = 19$

b) $21 + \underline{\hspace{2cm}} = 32$

c) $39 - \underline{\hspace{2cm}} = 31$

d) $18 - \underline{\hspace{2cm}} = 12$

Espace pour tes calculs

Section 3   Géométrie

1. Observe la grille ci-dessous et réponds aux questions.

a) Nomme l'image que tu vois dans les cases suivantes.

C1 : _____

C5 : _____

A3 : _____

D3 : _____

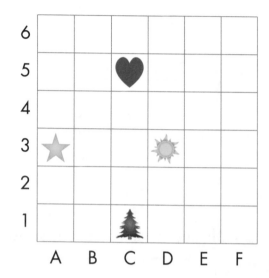

b) Dessine les figures suivantes dans la grille.

dans la case située immédiatement à gauche du soleil

dans la case située immédiatement sous l'étoile

X   entre l'étoile et le triangle

2. Nomme 3 objets qui ont la forme d'une boule.

_____   _____   _____

3. Parmi les images suivantes, encercle celles où tu vois un cône.

4. Comment se nomme le solide ci-contre ?

_____

5. Complète les phrases suivantes.

Voici une _____ à base
carrée. C'est un solide possédant
_____ faces puisque l'on compte
4 _____ et _____ carré.

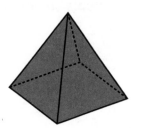

6. Associe le type de ligne à sa représentation.

ligne brisée   ●

ligne fermée   ●

ligne courbe   ●

ligne ouverte   ●

ligne droite   ●

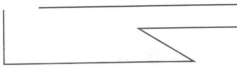

7. Combien d'angles droits ces figures géométriques possèdent-elles ?

a)

b)

c)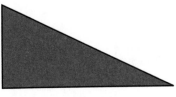

_____ _____ _____

Section 4 Mesure

1. Mesure les segments suivants en centimètres.

a) ├──────┤   = _____ centimètres

b) ├────────────┤   = _____ centimètres

c) ├───∨──∧──┤   = _____ centimètres

2. Parmi les segments suivants, lequel est le plus long?

a) = _____ centimètres

b) = _____ centimètres

c) = _____ centimètres

Le segment _____ est le plus long.

3. Quelle unité de mesure (cm, dm ou m) utiliserais-tu pour mesurer:

a) la largeur d'une maison? _____

b) la longueur d'un cahier? _____

c) la longueur de ton pouce? _____

Section 5 Statistique

1. À l'aide du diagramme à pictogrammes, réponds aux questions de la page suivante.

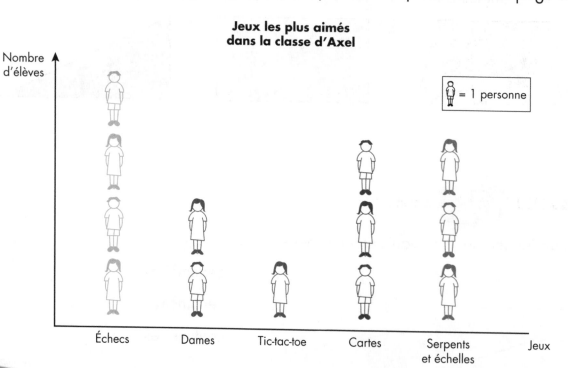

Jeux les plus aimés dans la classe d'Axel

= 1 personne

Nombre d'élèves

Échecs Dames Tic-tac-toe Cartes Serpents et échelles Jeux

a) Quel est le jeu préféré par les élèves? _____

b) Quel est le jeu le moins aimé par les élèves? _____

c) Combien de personnes ont répondu au sondage? _____

Section 6 Probabilité

1. Les événements suivants sont-ils impossibles, possibles ou certains? Trace un **X** dans la case appropriée.

Événements		Impossible	Possible	Certain
a)	Si tu comptes de 1 à 5, le nombre 2 vient avant 3.			
b)	Une fourmi mange un lion.			
c)	Voir une automobile rouge aujourd'hui.			

2. Justine veut fabriquer un toutou. Elle peut choisir entre un ourson ou une licorne. Comme vêtement, elle peut choisir entre une robe ou une salopette. Dessine un diagramme en arbre qui présente tous les toutous qu'elle peut fabriquer.

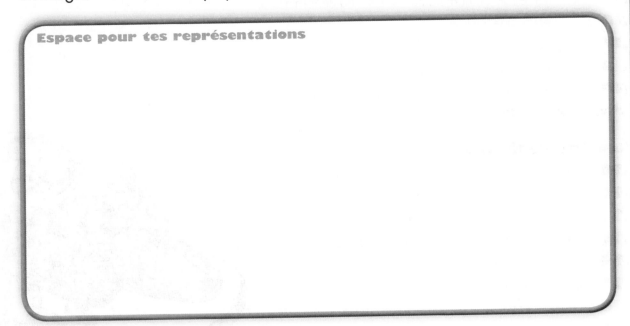

Espace pour tes représentations

3. Encercle les événements qui sont équiprobables.

a) Obtenir pile ou face en lançant une pièce de 25 ¢.

b) Tirer une voyelle ou une consonne dans le mot: **P R O B A B I L I T É**.

c) Qu'il neige l'été ou qu'il neige l'hiver.

Ce que je sais   **11**

Section 1 · Arithmétique
Sens et écriture des nombres

Nombres naturels inférieurs à 100 000

1.1 Compter ou réciter la comptine des nombres naturels

1.2 Dénombrer des collections réelles ou dessinées

1.3 Lire et écrire tout nombre naturel

1.4 Représenter les nombres naturels de différentes façons

1.5 Composer ou décomposer un nombre naturel de différentes façons

1.6 Reconnaître des expressions équivalentes

1.7 Comparer entre eux des nombres naturels

1.8 Ordonner des nombres naturels par ordre croissant ou décroissant

1.9 Décrire, reconnaître et classer des nombres naturels

1.10 Situer des nombres naturels à l'aide de différents supports

1.11 Faire une approximation d'une collection réelle ou dessinée

Activités synthèse

Fractions

1.12 Représenter une fraction de différentes façons à partir d'un tout ou d'une collection

1.13 Associer une fraction à une partie d'un tout ou d'un groupe d'objets et vice et versa

1.14 Reconnaître différents sens de la fraction (partage et division)

1.15 Distinguer le rôle du numérateur de celui du dénominateur

1.16 Lire et écrire une fraction

1.17 Comparer une fraction à 0, à $\frac{1}{2}$ ou à 1

1.18 Vérifier l'équivalence de 2 fractions

1.19 Construire un ensemble de fractions équivalentes

Activités synthèse

Nombres décimaux

1.20 Représenter des nombres décimaux de différentes façons

1.21 Lire et écrire des nombres écrits en notation décimale

1.22 Comprendre le rôle de la virgule

1.23 Composer et décomposer un nombre écrit en notation décimale

1.24 Reconnaître des expressions équivalentes

1.25 Situer des nombres décimaux sur un axe de nombres

1.26 Comparer entre eux des nombres décimaux

1.27 Faire une approximation

1.28 Ordonner des nombres décimaux par ordre croissant ou décroissant

1.29 Associer une fraction à un nombre décimal

Activités synthèse

Unité  1.1 Compter ou réciter la comptine des nombres naturels

Exemple

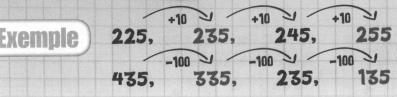

$$225, \quad \overset{+10}{\curvearrowright} 235, \quad \overset{+10}{\curvearrowright} 245, \quad \overset{+10}{\curvearrowright} 255$$

$$435, \quad \overset{-100}{\curvearrowright} 335, \quad \overset{-100}{\curvearrowright} 235, \quad \overset{-100}{\curvearrowright} 135$$

Connais-tu l'*Onondaga*?

L'*Onondaga* est un sous-marin de la Marine royale canadienne construit en 1965. Il a parcouru l'équivalent de 23 fois le tour de la Terre durant sa carrière. Il a aussi visité 12 pays et a été piloté par plus de 30 commandants. Il est aujourd'hui exposé à Pointe-au-Père.

1. Un capitaine a noté le nombre de kilomètres effectués par son sous-marin au cours de ses 6 dernières sorties en mer. Place-les par ordre décroissant.

| 198 | 209 | 187 | 199 | 189 | 178 |

_____

2. Trouve les nombres manquants dans les suites de nombres suivantes.

a) 71, 91, _____ , 131, _____

b) _____ , 101, 104, _____ , 110

c) 79, 68, _____ , 46, _____ , 24

3. Remplis le tableau suivant en utilisant le nombre 423 comme 1er terme de la suite.

Bonds de...			
Exemple: +5	428 $\curvearrowright$	433 $\curvearrowright$	438
a) − 4			
b) − 7			
c) + 10			
d) + 12			

Unité 1.2

Dénombrer des collections réelles ou dessinées

Exemple

Dans 312, il y a :

Centaines (c)	Dizaines (d)	Unités (u)
3	1	2

ou

ou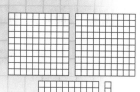

1. Associe le nombre à sa représentation.

356

608

165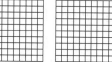

209

2. La représentation des nombres suivants est-elle correcte ?

a) 102

_____

b) 80

_____

c) 425

Unité 1.3

Lire et écrire tout nombre naturel

Exemple   Le nombre 348 s'écrit trois cent quarante-huit.

1. Écris les nombres suivants en lettres.

a) 529 : _____

b) 893 : _____

c) 127 : _____

d) 73 : _____

e) 99 : _____

f) 118 : _____

2. Écris en chiffres le nombre de déplacements effectués par chacun des sous-marins cette année.

	Sous-marin	Nombre de déplacements (en lettres)	Nombre de déplacements (en chiffres)
a)	Némo	Cent quatre-vingt-trois	
b)	L'Aventurier	Six cent seize	
c)	L'Explorateur	Deux cent douze	
d)	Le Gouvernail	Cinq cent quatre-vingt-treize	
e)	Le Chercheur	Trois cent neuf	

3. Relie chaque opération au résultat correspondant.

46 + 12 ●   ● Cinquante-deux

18 + 34 ●   ● Cinquante-sept

62 – 9 ●   ● Cinquante-huit

78 – 21 ●   ● Cinquante-trois

31 + 29 ●   ● Soixante

Espace pour tes calculs

Unité 1.4

Représenter les nombres naturels de différentes façons

Exemple

Le nombre 5 369 peut être représenté de la façon suivante :

Unités de mille (UM)	Centaines (c)	Dizaines (d)	Unités (u)
5	3	6	9

Toute une voix !

La baleine bleue peut émettre des sons de 190 décibels, aussi forts qu'un lancement de fusée spatiale. Peut-on encore parler de « chant » de baleine ?

1. Jonas a représenté dans des abaques le nombre de baleines répertoriées dans trois endroits différents. Trouve ces nombres.

a)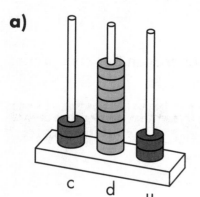

b)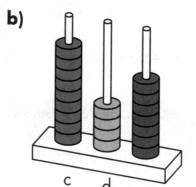

c)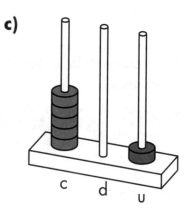

_____   _____   _____

2. Représente les nombres suivants à l'aide du tableau de numération, puis écris-les en chiffres.

a) 6 centaines et 12 unités

Centaines (c)	Dizaines (d)	Unités (u)

_____

b) 73 dizaines et 21 unités

Centaines (c)	Dizaines (d)	Unités (u)

_____

Unité  1.5 Composer ou décomposer un nombre naturel de différentes façons

Exemple | 215 = 200 + 10 + 5 ou

1. Décompose les nombres suivants de 2 façons différentes.

	Nombre	1ʳᵉ façon	2ᵉ façon
a)	936		
b)	807		
c)	423		
d)	749		

2. Des écologistes ont fait le décompte de baleines dans différentes mers du monde. Compose les nombres suivants.

	Décomposition du nombre	Composition du nombre
a)	200 + 100 + 50 + 10 + 10 + 1 + 8	
b)	500 + 10 + 40 + 5 + 1 + 1 + 1	
c)	300 + 20 + 10 + 10 + 4 + 2	
d)	400 + 200 + 100 + 70 + 6 + 3	

Unité **1.6** Reconnaître des expressions équivalentes

> **Exemple**   2c + 10 + 6 et 200 + 16 sont 2 expressions équivalentes.

1. Relie les expressions équivalentes.

103 + 18 ●	● 500 – 101
391 + 8 ●	● 678 – 10
234 + 26 ●	● 273 – 13
282 + 290 ●	● 265 – 144
576 + 92 ●	● 984 – 412

2. Vrai ou faux ?
                                                    Vrai   Faux

a) 31 + 16 + 27 + 4 = 100 – 22   ◯   ◯

b) 27 + 41 + 19 = 88 – 9   ◯   ◯

c) 7c + 3d + 9 = 811 – 66   ◯   ◯

d) 43 + 58 = 207 – 106   ◯   ◯

3. Associe les expressions équivalentes.

200 + 1c + 38u + 4u ●	● 300 + 30 + 2
1c + 20d + 12 ●	● 150 + 150 + 4d + 2
100 + 2c + 3d + 2 ●	● 300 + 10 + 20 + 5 + 2
125 + 1c + 75 + 10 + 25 + 2 ●	● 300 + 20 + 2
250 + 10 + 40 + 15 + 5 + 2 ●	● 200 + 100 + 10 + 2

> **Espace pour tes calculs**

Unité **1.7**

Comparer entre eux des nombres naturels

Exemple 416 est « plus petit que » 427. Donc, 416 < 427.

2c + 5d est « plus grand que » 2c + 2u.

Donc, 2c + 5d > 2c + 2u.

La cloche Big Ben

Dans la tour de l'horloge de Londres, il y a une grosse cloche que l'on surnomme Big Ben. Cette cloche de plus de 13 tonnes est entrée en service le 31 mai 1859 et elle fonctionne toujours aujourd'hui. On la reconnaît par sa tonalité distinctive.

1. Compare le nombre de visiteurs reçus cette fin de semaine en utilisant les symboles > ou <.

Espace pour tes calculs

a) 451 ◯ 415

b) 267 ◯ 276

c) 542 ◯ 524

d) 801 ◯ 810

2. Compare les expressions suivantes en utilisant les symboles >, < ou =.

a) 3c + 5d + 17u ◯ 300 + 57

b) 300 + 12d + 8 ◯ 300 + 100 + 30 + 8

c) 19d + 8u ◯ 19 + 8

d) 1c + 200 + 2d + 49 ◯ 300 + 60 + 9

3. À la fin de la journée, le gardien du Big Ben doit calculer le nombre de visiteurs. Aide-le à vérifier s'il a raison dans ses calculs en indiquant si les 2 expressions ont une valeur égale (=) ou différente (≠).

a) 200 + 2c + 3d + 13u ◯ 400 + 40 + 3

b) 5c + 12d + 41 ◯ 500 + 53

c) 43d + 67u ◯ 400 + 90 + 7

Unité **1.8**

Ordonner des nombres naturels par ordre croissant ou décroissant

Exemple

Ordre croissant : 465, 576, 709, 918

Ordre décroissant : 824, 725, 631, 310

1. Place par ordre croissant le nombre de visiteurs qu'a reçus chacun de ces monuments de Londres de 2008 à 2012.

a) Le Big Ben

Année	2008	2009	2010	2011	2012
Nombre de visiteurs	3314	3125	3413	3254	3245

b) Le manoir Kenwood House

Année	2008	2009	2010	2011	2012
Nombre de visiteurs	2176	2236	2187	2143	2179

c) Buckingham Palace

Année	2008	2009	2010	2011	2012
Nombre de visiteurs	1978	1963	1974	1987	1879

2. Place les nombres suivants par ordre décroissant.

        8089

8709   8698   8996   8907   8089

Unité 1.9

Décrire, reconnaître et classer des nombres naturels

Exemple

Les nombres pairs se terminent par 0, 2, 4, 6 ou 8.

Les nombres impairs se terminent par 1, 3, 5, 7 ou 9.

Un nombre carré est le produit de 2 nombres naturels identiques: 4 (2 × 2).

Un nombre premier est un nombre naturel plus grand ou égal à 2 n'admettant que 2 diviseurs, soit lui-même et 1 : 13 (1 × 13).

Un nombre composé est un nombre naturel plus grand ou égal à 2 ayant plus de 2 diviseurs: 6 (1, 2, 3, 6).

Qu'est-ce qu'un loup marin?

Le loup marin est un phoque qui vit près du Groenland. Fait étonnant, la femelle se rend sur la banquise du Saint-Laurent pour donner naissance à son petit, le blanchon.

1. Associe les énoncés suivants.

a) 32 090 est un nombre…

b) 57 809 est un nombre…

c) Le résultat de 31 + 87 est…

- pair.
- impair.

2. Vrai ou faux?

	Vrai	Faux
a) 31 535 est un nombre premier.	◯	◯
b) 1920 est un nombre composé.	◯	◯
c) Le résultat de 14 + 6 est premier.	◯	◯

3. Remplis le tableau suivant.

	Nombre	Nombre pair	Nombre impair
a)	13 365		
b)	401		

4. Des biologistes observent des groupes de loups marins dans différents secteurs du Groenland. Représente les nombres ci-dessous. Puis, indique s'ils sont carrés ou non.

a) 16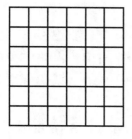

b) 21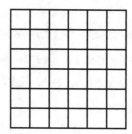

c) 12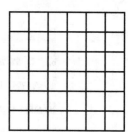

Nombre carré : oui ◯   Nombre carré : oui ◯   Nombre carré : oui ◯

non ◯   non ◯   non ◯

5. Vrai ou faux ?

                                            Vrai   Faux

a) 315 est un nombre pair.   ◯   ◯

b) 72 est un nombre composé.   ◯   ◯

c) 44 est un nombre carré.   ◯   ◯

d) 100 est un nombre pair et carré.   ◯   ◯

6. Complète le tableau suivant.

	Nombre	Pair	Impair	Carré	Composé
a)	19				
b)	25				
c)	22				
d)	16				

7. Colorie le dessin suivant selon la légende.

> Bleu : nombre uniquement pair
> Gris : nombre uniquement impair
> Vert : nombre carré

33   14   16   7   21   26   17   19   51   12   30   29   9   25   3   52   27   81   100   98   60

Unité 1.10

Situer des nombres naturels à l'aide de différents supports

Exemple — Situer 12, 19, 22 et 25.

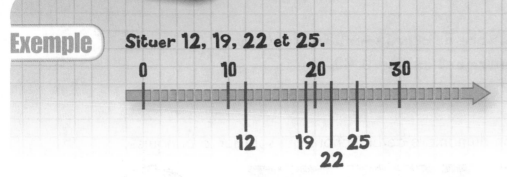

1. Place sur la droite numérique le nombre d'espèces répertoriées chaque année à l'aquarium O bord de l'O.

	Raie (R)	Hippocampe (H)	Méduse (M)	Caïman (C)	Phoque (P)
2009	254	276	248	281	263
2010	98	107	122	118	102
2011	370	363	379	391	386
2012	502	517	496	526	512

a) 2009

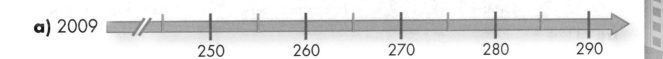

b) 2010

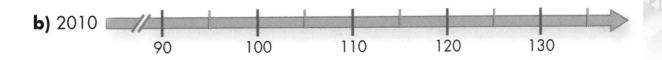

c) 2011

d) 2012

Arithmétique

Nombres naturels < 100 000

Arithmétique

Unité 1.11

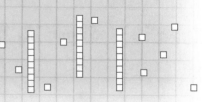

Faire une approximation d'une collection réelle ou dessinée

Exemple Le nombre de carrés-unités illustrés ci-contre est estimé à 40.

1. Fais une estimation du nombre de blanchons qui sont sur la banquise.

Réponse : _____

2. Arrondis les nombres suivants à la position demandée.

	Nombre	À la centaine près	À la dizaine près
a)	3124		
b)	2658		
c)	1879		
d)	219		
e)	571		

3. Estime le nombre suivant. Ensuite, calcule-le.

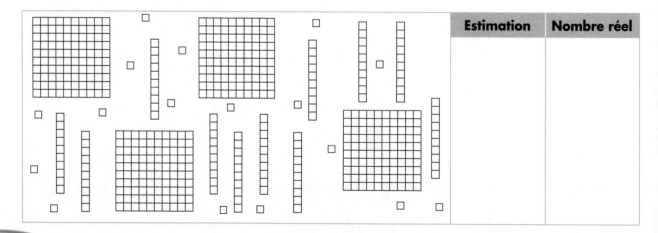

Estimation	Nombre réel

Activités synthèse

1. Trouve les nombres manquants.

a) 649, _____ , 671, 682, _____ , _____

b) 784, _____ , 816, 832, _____ , _____

c) 874, 906, _____ , 970, _____ , _____

2. Fais la représentation et la décomposition des nombres suivants.

	Nombre	Représentation	Décomposition
a)	267		
b)	319		
c)	525		
d)	164		
e)	908		

3. Écris les nombres suivants en lettres.

a) 13 316 : _____

b) 7918 : _____

c) 6852 : _____

d) 1027 : _____

4. Indique le nombre représenté sur l'abaque.

a)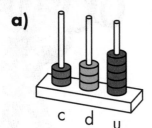

b)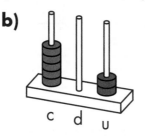

c)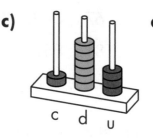

d)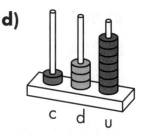

_____   _____   _____   _____

5. Décompose les nombres suivants.

a) 21 034 : _____

b) 6418 : _____

c) 3945 : _____

d) 978 : _____

e) 7002 : _____

6. Relie entre elles les opérations dont les résultats sont équivalents.

23 + 18 ●   ● 30 + 3

47 – 14 ●   ● 20 + 21

96 – 13 ●   ● 50 + 33

7. Compare les nombres suivants
en utilisant les symboles < ou >.

a) 3256 ◯ 3265   **b)** 4270 ◯ 4027

c) 1090 ◯ 1009   **d)** 5012 ◯ 5021

8. Place les nombres suivants par ordre croissant.

2435   2456   2453   2465   2345   2354

Nombres naturels < 100 000

Arithmétique

9. Place les nombres suivants au bon endroit dans le diagramme.

(3) (8) (9) (12) (24) (25) (36) (49) (61) (65)

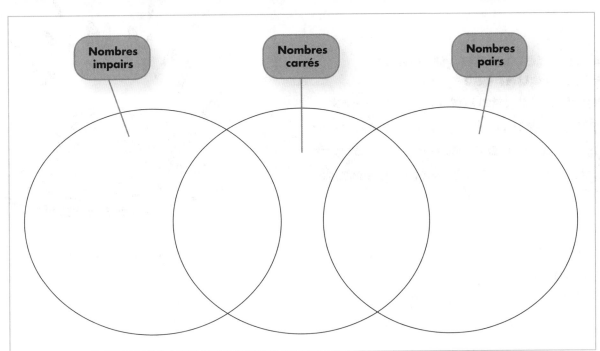

Nombres impairs

Nombres carrés

Nombres pairs

10. Place les nombres suivants sur la droite numérique.

a) 265, 279, 309, 243, 230

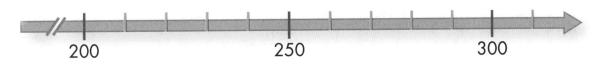

200   250   300

b) 683, 640, 627, 673, 654

600   625   650   675

11. Arrondis les nombres suivants.

	Nombre	À la centaine près	À la dizaine près
a)	4018		
b)	5354		

Unité 1.12

Représenter une fraction de différentes façons à partir d'un tout ou d'une collection

Exemple $\frac{1}{2}$ peut être représenté par   ou ou

Qu'est-ce qu'un gâteau quatre-quarts ?

La particularité du gâteau quatre-quarts est qu'il est composé au $\frac{1}{4}$ de son poids d'œufs, au $\frac{1}{4}$ de son poids de farine, au $\frac{1}{4}$ de son poids de beurre et au $\frac{1}{4}$ de son poids de sucre. En additionnant toutes ces parties, on obtient $\frac{4}{4}$.

1. Dans chacune des collections suivantes, colorie les objets qui représentent la fraction demandée.

a) $\frac{1}{3}$

b) $\frac{5}{6}$

c) $\frac{7}{9}$

d) $\frac{1}{3}$

2. Représente les fractions suivantes en coloriant les parties appropriées.

a) $\frac{5}{8}$

b) $\frac{10}{12}$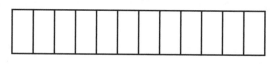

c) $\frac{1}{5}$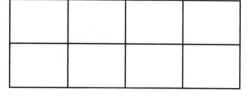

d) $\frac{1}{2}$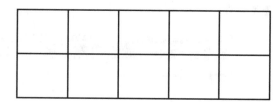

3. Il y a sur la table 3 muffins aux carottes, 2 muffins au citron et 5 muffins aux bleuets.

a) Quelle fraction de l'ensemble de tous les muffins représente les muffins aux carottes? _____

b) Quelle fraction de l'ensemble de tous les muffins représente les muffins aux bleuets? _____

c) Quelle fraction de l'ensemble de tous les muffins représente les muffins au citron? _____

4. Représente les fractions demandées en coloriant les parties appropriées sur les droites suivantes.

a) $\frac{3}{4}$

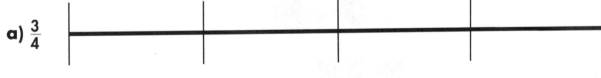

b) $\frac{7}{8}$

c) $\frac{3}{10}$

Unité 1.13

Associer une fraction à une partie d'un tout ou d'un groupe d'objets et vice et versa

Exemple

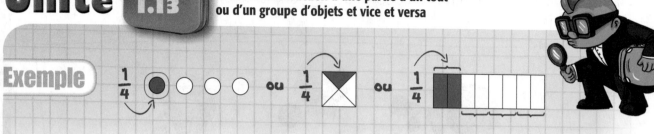

1. Relie la fraction à sa représentation.

$\dfrac{1}{2}$ •

$\dfrac{3}{4}$ •

$\dfrac{1}{4}$ •

$\dfrac{1}{5}$ •

$\dfrac{2}{5}$ •

$\dfrac{5}{6}$ •

$\dfrac{2}{3}$ •

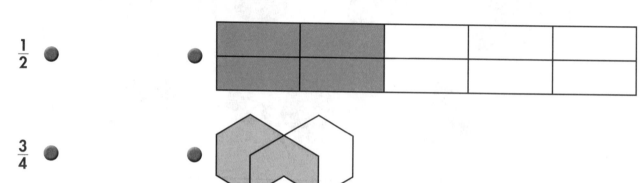

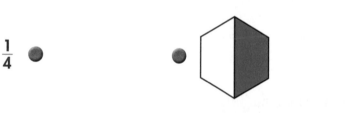

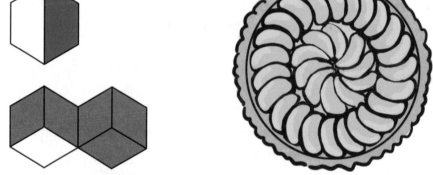

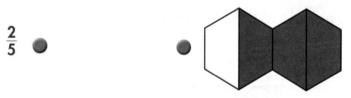

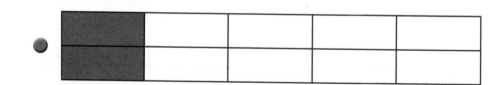

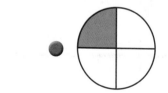

2. Associe la représentation de chaque collection d'objets à sa fraction.

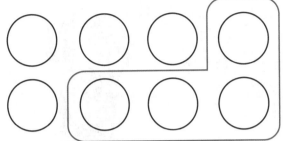

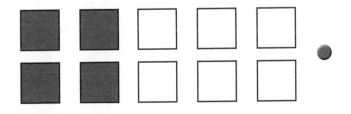

$\dfrac{7}{12}$

$\dfrac{4}{6}$

$\dfrac{1}{2}$

$\dfrac{4}{10}$

$\dfrac{6}{10}$

Unité 1.14

Reconnaître différents sens de la fraction (partage et division)

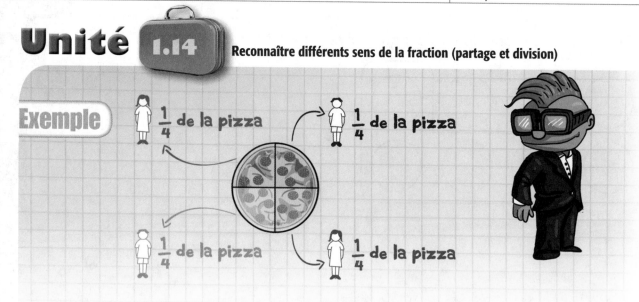

Exemple

$\frac{1}{4}$ de la pizza $\frac{1}{4}$ de la pizza

$\frac{1}{4}$ de la pizza $\frac{1}{4}$ de la pizza

1. Martine a cuisiné 15 biscuits aux fraises pour les offrir à ses amis. Elle veut les partager également entre ses 3 amis. Quelle fraction des biscuits chacun recevra-t-il ?

Réponse : _____

2. Ian possède 12 cartes de hockey. Il veut les répartir également dans ses 4 albums. Quelle fraction de sa collection chaque album contiendra-t-il ?

Réponse : _____

_____

3. Pour son projet portant sur les étoiles, Justine apporte à l'école 4 livres d'astronomie. Ces livres représentent les $\frac{2}{3}$ de sa collection. Combien de livres sur l'astronomie Justine possède-t-elle en tout?

Réponse : _____

_____

4. Ioan, Jules et Raphaël veulent se partager également 4 tartelettes aux pommes. Combien de parts chacun recevra-t-il?

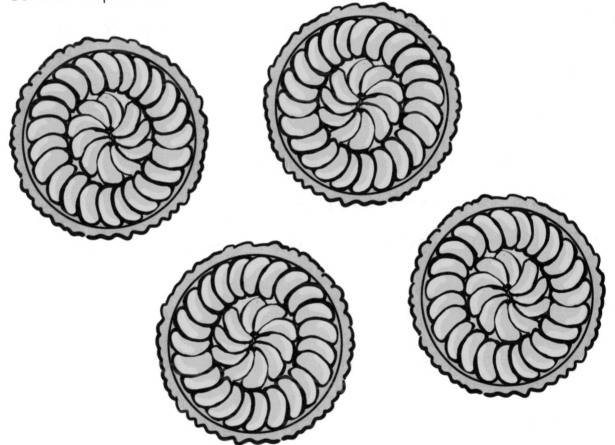

Réponse : _____

_____

Unité  1.15

Distinguer le rôle du numérateur de celui du dénominateur

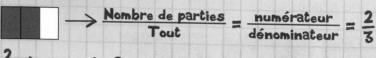

Exemple

$$\frac{\text{Nombre de parties}}{\text{Tout}} = \frac{\text{numérateur}}{\text{dénominateur}} = \frac{2}{3}$$

$\frac{2}{3}$: tu prends **2** parties sur un total (un tout) de **3**.

Peut-on survivre tout en étant congelé?

Pour la grenouille des bois et la rainette crucifère, c'est possible. L'hiver, $\frac{65}{100}$ de l'eau de leur corps se transforme en glace. Leur cœur cesse de battre. Elles ne respirent plus, mais elles sont vivantes! La glace se forme dans leur cavité abdominale, entre la peau et les muscles.

1. Lors de sa promenade près de la rivière, Aurèle a observé 4 rainettes, 5 grenouilles, 7 ouaouarons et 3 crapauds.

a) Quel est le nombre total d'amphibiens observés? _____

b) Quelle fraction des amphibiens représente les rainettes? _____

c) Quelle fraction des amphibiens représente les ouaouarons? _____

d) Quelle fraction des amphibiens représente les crapauds? _____

e) Quelle fraction des amphibiens représente les crapauds
et les rainettes? _____

2. Au Québec, on trouve 11 espèces de grenouilles dans la nature.

a) Alice a observé trois espèces de grenouilles: des grenouilles des marais, des grenouilles des bois et des grenouilles du Nord. Quelle fraction du nombre total d'espèces a-t-elle observée?

Réponse: _____

b) Le zoo Écomuseum de Sainte-Anne-de-Bellevue héberge 10 espèces de grenouilles. Quelle fraction du nombre d'espèces de grenouilles ne se trouve pas au zoo?

Réponse: _____

Unité **1.16** Lire et écrire une fraction

Arithmétique

Exemple

La fraction $\frac{3}{5}$ se lit *trois cinquièmes.*

La fraction $\frac{2}{3}$ se lit *deux tiers.*

La fraction $\frac{3}{4}$ se lit *trois quarts.*

1. Relie chaque fraction à son écriture en lettres.

$\frac{2}{4}$ ●   ● quatre cinquièmes

$\frac{4}{5}$ ●   ● deux neuvièmes

$\frac{3}{2}$ ●   ● un dixième

$\frac{2}{9}$ ●   ● trois demies

$\frac{1}{10}$ ●   ● deux quarts

2. Écris en chiffres les fractions suivantes écrites en lettres.

a) Sept huitièmes _____

b) Un quart _____

c) Un tiers _____

d) Deux cinquièmes _____

e) Cinq septièmes _____

3. Écris en lettres les fractions suivantes écrites en chiffres.

a) $\frac{2}{3}$ _____

b) $\frac{1}{2}$ _____

c) $\frac{5}{6}$ _____

d) $\frac{3}{4}$ _____

e) $\frac{8}{5}$ _____

Unité 1.17

Comparer une fraction à 0, à $\frac{1}{2}$ ou à 1

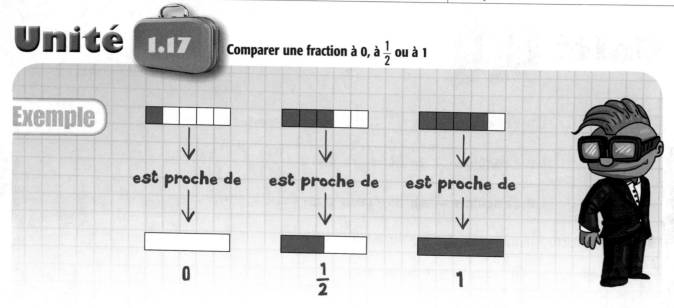

Exemple

est proche de   est proche de   est proche de

0       $\frac{1}{2}$ 1

1. Classe les fractions suivantes en indiquant si elles sont proches de 0, de $\frac{1}{2}$ ou de 1.

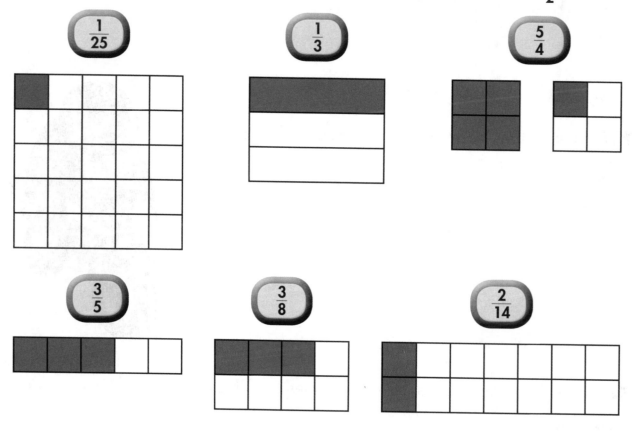

$\frac{1}{25}$ $\frac{1}{3}$ $\frac{5}{4}$

$\frac{3}{5}$ $\frac{3}{8}$ $\frac{2}{14}$

Fraction proche de 0	Fraction proche de $\frac{1}{2}$	Fraction proche de 1

2. Encercle en rouge les fractions qui sont plus petites que $\frac{1}{2}$ et en bleu celles qui sont plus grandes que $\frac{1}{2}$.

$\frac{1}{2}$

a) $\frac{3}{7}$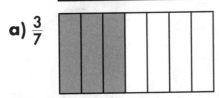

b) $\frac{5}{8}$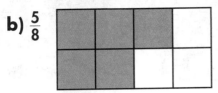

c) $\frac{1}{4}$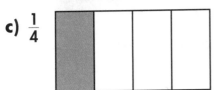

3. Trace un ✗ sur la droite numérique pour indiquer si la fraction est plus proche de 0, de $\frac{1}{2}$ ou de 1.

a) $\frac{9}{10}$

0 — $\frac{1}{2}$ — 1

b) $\frac{5}{7}$

0 — $\frac{1}{2}$ — 1

c) $\frac{53}{100}$

0 — $\frac{1}{2}$ — 1

d) $\frac{2}{17}$

0 — $\frac{1}{2}$ — 1

e) $\frac{11}{10}$

0 — $\frac{1}{2}$ — 1

Arithmétique Fractions

Unité

 1.18   Vérifier l'équivalence de 2 fractions

Exemple $\frac{1}{2} = \frac{2}{4}$

Quelle est l'efficacité d'un moteur de voiture à essence?

L'efficacité d'un moteur de voiture à essence ne dépasse pas $\frac{35}{100}$. Cela veut dire que $\frac{65}{100}$ de l'énergie est perdue. En comparaison, une voiture munie d'un moteur électrique a une efficacité qui peut aller jusqu'à $\frac{95}{100}$.

1. Illustre les paires de fractions suivantes. Ensuite, indique si elles sont équivalentes (=) ou non (≠).

a) $\frac{1}{2}$ ◯ $\frac{3}{6}$

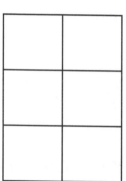

b) $\frac{2}{3}$ ◯ $\frac{9}{12}$

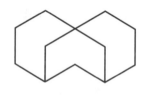

c) $\frac{1}{3}$ ◯ $\frac{3}{6}$

d) $\frac{4}{5}$ ◯ $\frac{12}{15}$

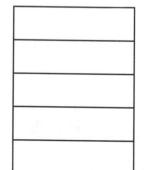

2. Colorie les bandes suivantes pour représenter les fractions indiquées.

a) $\frac{1}{3}$

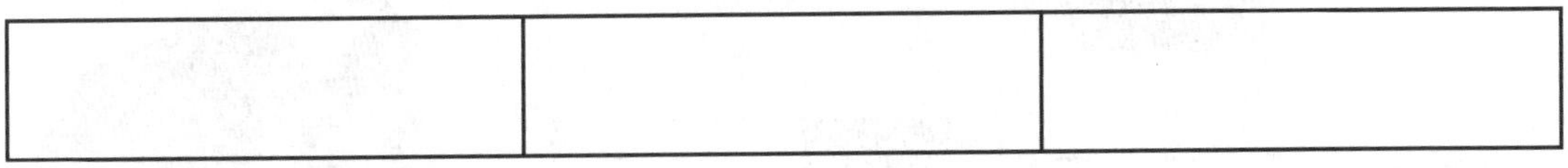

b) $\frac{4}{6}$

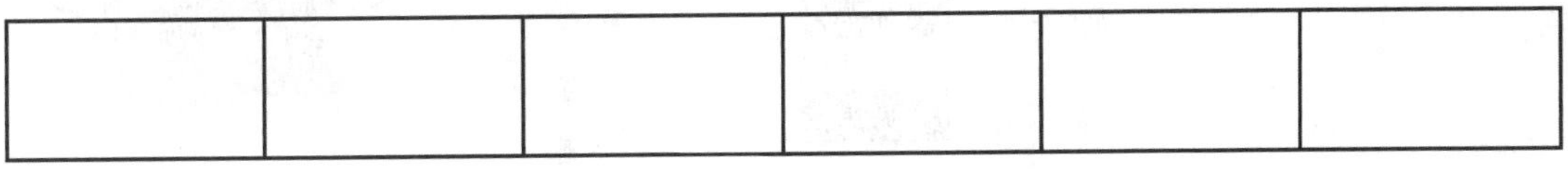

c) $\frac{5}{18}$

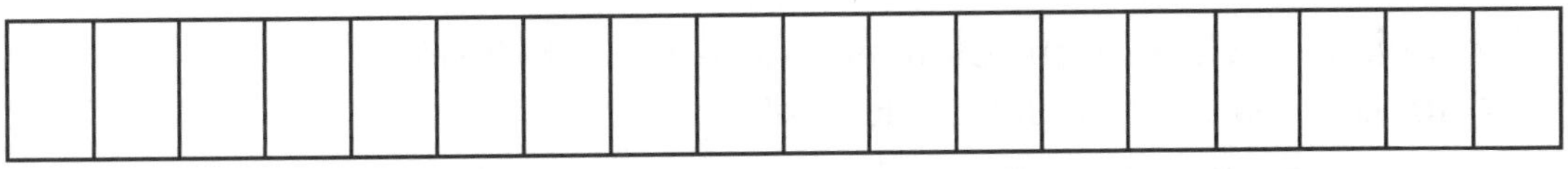

d) $\frac{6}{9}$

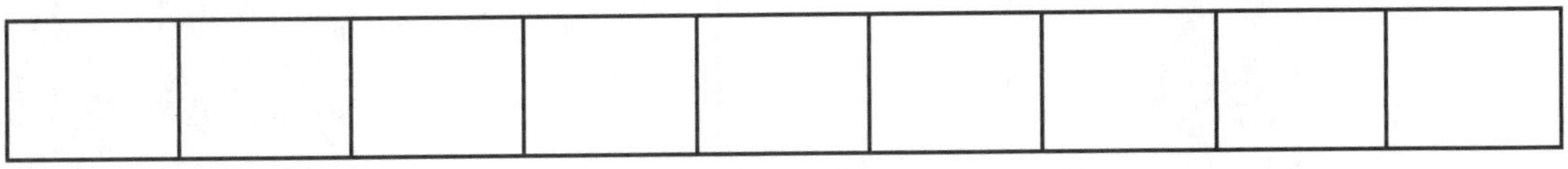

e) Parmi les fractions ci-dessus, lesquelles sont équivalentes ? _____

3. Lily, Samuel, Fiona et Benjamin font suivre le même parcours à leur robot.

Le robot de Lily a réalisé la $\frac{1}{2}$ du parcours, celui de Samuel les $\frac{2}{3}$, celui de Fiona les $\frac{6}{12}$ et celui de Benjamin les $\frac{5}{8}$.

Est-ce qu'il y a des robots qui ont parcouru la même distance ?
Si oui, de quels robots s'agit-il ?

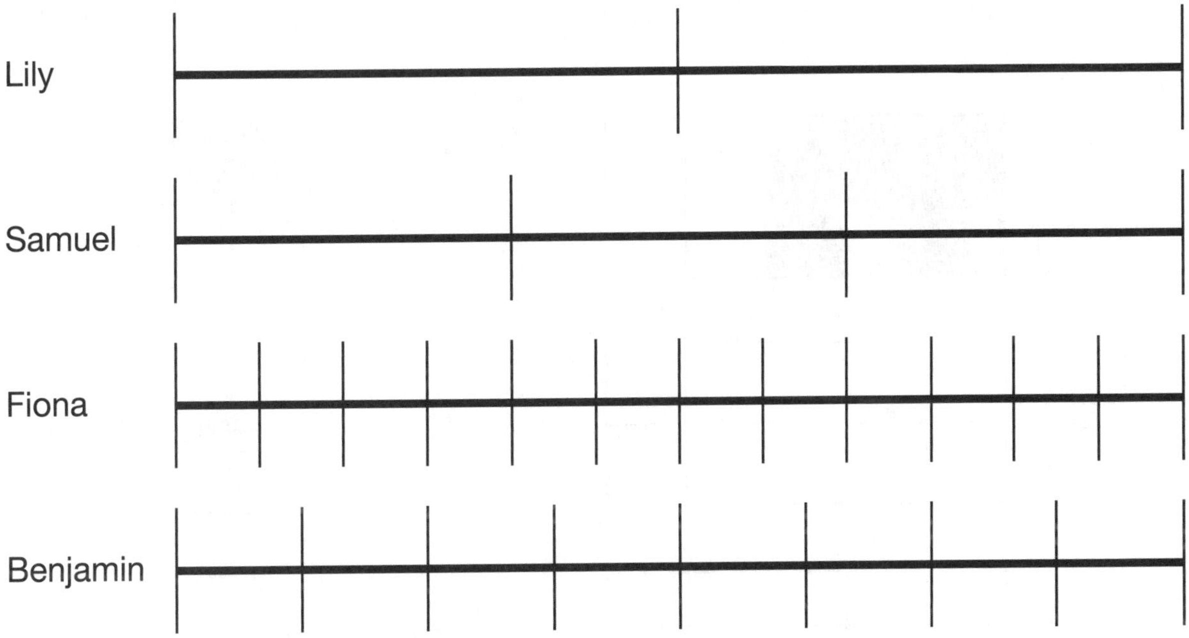

Lily

Samuel

Fiona

Benjamin

Réponse : _____

Unité 1.19

Construire un ensemble de fractions équivalentes

Exemple

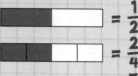

$$\frac{1}{2} = \frac{2}{4} = \frac{3}{6}$$

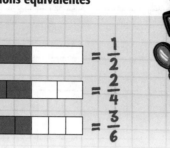

$$= \frac{1}{2}$$
$$= \frac{2}{4}$$
$$= \frac{3}{6}$$

1. Construis 2 fractions équivalentes à celle qui est illustrée.
Sers-toi des dénominateurs qui te sont donnés.

a) $\frac{1}{4}$

$\dfrac{}{8}$

$\dfrac{}{12}$

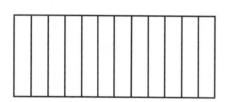

b) $\frac{2}{3}$

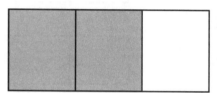

$\dfrac{}{6}$

$\dfrac{}{9}$

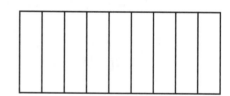

c) $\frac{3}{5}$

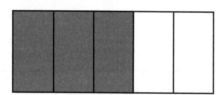

$\dfrac{}{10}$

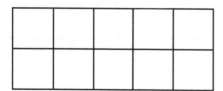

$\dfrac{}{15}$

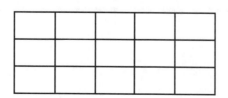

d) $\frac{2}{6}$

$\dfrac{}{12}$

$\dfrac{}{3}$

2. Illustre la fraction donnée. Ensuite, trouve une fraction équivalente.

a) $\dfrac{1}{5}$ 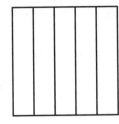 =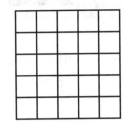

b) $\dfrac{3}{4}$  =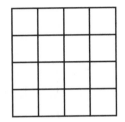

c) $\dfrac{2}{5}$  =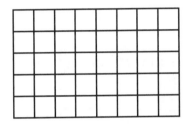

d) $\dfrac{2}{7}$ 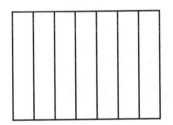 =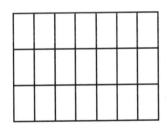

e) $\dfrac{3}{7}$ 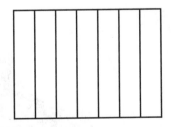 =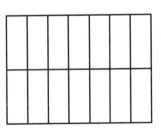

f) $\dfrac{5}{8}$ 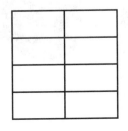 =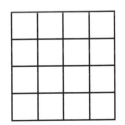

Fractions

Arithmétique

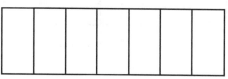

1. Représente les fractions suivantes en coloriant les parties appropriées.

a) $\frac{5}{7}$
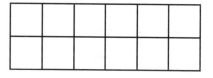

b) $\frac{3}{8}$
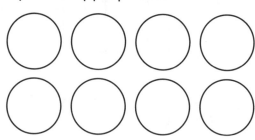

c) $\frac{5}{6}$

d) $\frac{4}{9}$
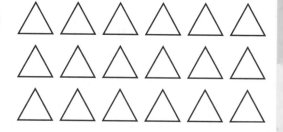

2. Relie la fraction à sa représentation.

$\frac{1}{3}$ ●

●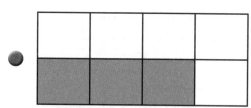

$\frac{3}{5}$ ●

●

$\frac{3}{4}$ ●

●

$\frac{3}{8}$ ●

●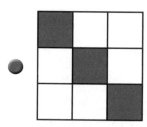

$\frac{3}{7}$ ●

●

3. Alex possède 15 timbres. Il veut les répartir également sur ses 3 enveloppes.

a) Quelle fraction de ses timbres collera-t-il sur chaque enveloppe? _____

b) Illustre ces timbres sur chacune des enveloppes.

c) Si Alex voulait répartir ses timbres sur 5 enveloppes, quelle fraction de ses timbres aurait-il à coller sur chaque enveloppe? _____

4. Écris en chiffres les fractions suivantes écrites en lettres.

a) Deux quarts _____

b) Deux tiers _____

c) Trois cinquièmes _____

d) Quatre septièmes _____

5. Classe les fractions suivantes en indiquant si elles sont proches de 0, de $\frac{1}{2}$ ou de 1.

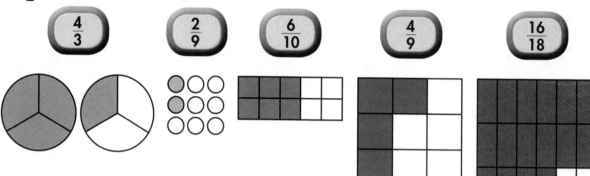

Fraction proche de 0	Fraction proche de $\frac{1}{2}$	Fraction proche de 1
_____	_____	_____

6. Illustre les fractions suivantes. Ensuite, indique si elles sont équivalentes (=) ou non équivalentes (≠).

a) $\frac{2}{9}$ ◯ $\frac{5}{18}$

b) $\frac{9}{10}$ ◯ $\frac{15}{20}$

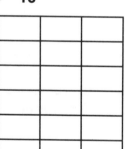

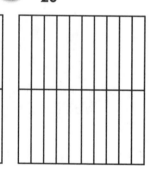

c) $\frac{5}{6}$ ◯ $\frac{2}{3}$

d) $\frac{3}{4}$ ◯ $\frac{15}{20}$

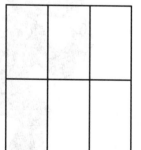

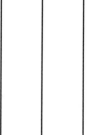

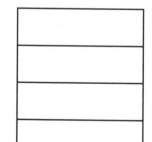

7. Illustre la fraction donnée. Ensuite, construis 2 fractions
équivalentes à cette dernière.

a) $\frac{5}{6}$

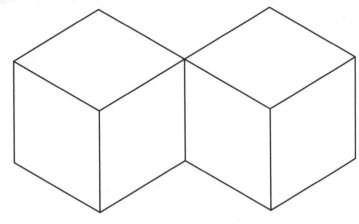

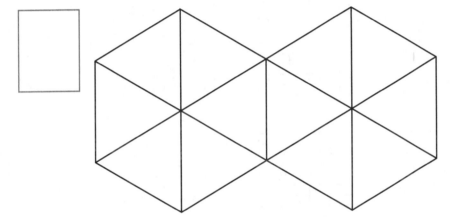

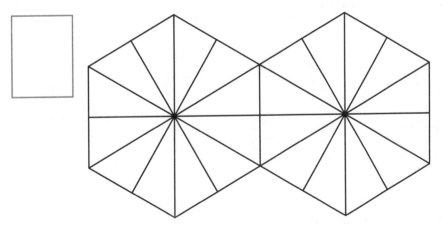

b) $\frac{1}{2}$

 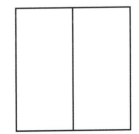 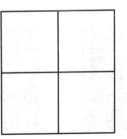

Unité 1.20

Représenter des nombres décimaux de différentes façons

Exemple Le nombre 3,59 peut être représenté ainsi:

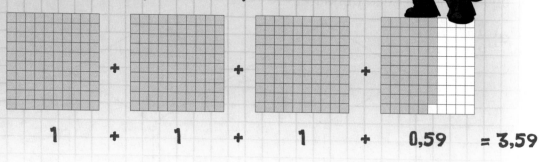

1 + 1 + 1 + 0,59 = 3,59

1. Colorie les cases de façon à représenter les nombres suivants.

a) 0,10 = 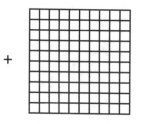 + 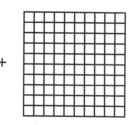 + 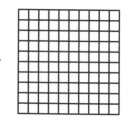 +

b) 2,44 = 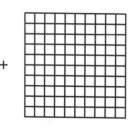 + 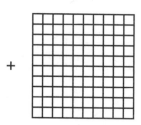 + 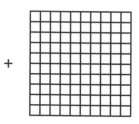 +

c) 1,86 = + + +

2. Quel nombre est représenté ci-dessous?

 + 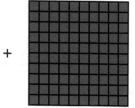 + 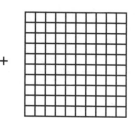 = _____

Unité **1.21** Lire et écrire des nombres écrits en notation décimale

> **Exemple**   32,12 → trente-deux et douze centièmes
> cent vingt et huit centièmes → 120,08

Des Québécois parmi l'élite

Le Québécois Bruny Surin compte parmi les coureurs les plus rapides de la planète. Il a réussi à courir 100 mètres en 9,84 secondes lors du Championnat du monde d'athlétisme en 1996. Chez les femmes, on peut mentionner les performances de Julie Rocheleau. Elle a réussi à courir la même distance en 11,13 secondes en 1988.

1. Écris en lettres les nombres suivants, qui représentent les temps records obtenus par ces championnes et champions québécois en athlétisme.

a) Sonia Paquette : 24,03 _____

b) Alexandre Marchand : 46,12 _____

c) Renée Bélanger : 54,76 _____

d) Olivier Collin : 106,21 _____

2. Lis les nombres suivants et écris en chiffres les temps de parcours de chacun des athlètes. Ensuite, colorie le parcours de l'athlète selon la légende qui suit.

a) Vincent : Cent vingt-huit et soixante-dix centièmes :

b) Miguel : Soixante-deux et trente-quatre centièmes :

c) Bryan : Trois cent un et sept centièmes :

d) Justine : Cent quatre-vingt-deux et soixante centièmes :

DÉPART		ARRIVÉE
Miguel	_____	
Vincent	_____	
Justine	_____	
Bryan	_____	

Unité 1.22

Comprendre le rôle de la virgule

Exemple

Dans un nombre, il peut y avoir deux parties différentes: la partie entière et la partie décimale.

$$132,75 = 132\frac{75}{100}$$

La partie entière   La partie décimale

La virgule représente donc la coupure entre les deux parties du nombre. Elle permet de voir que les chiffres de la partie décimale ont une valeur plus petite qu'une unité.

1. Trouve la valeur des chiffres soulignés.

a) 65,<u>4</u>8 = _____

b) 363,8<u>7</u> = _____

c) 1<u>4</u>9,63 = _____

d) <u>5</u>41,02 = _____

e) 1<u>94</u>,36 = _____

f) 618,<u>55</u> = _____

2. Transforme les fractions en nombres décimaux.

a) $2\frac{8}{10}$ = _____

b) $36\frac{87}{100}$ = _____

c) $\frac{15}{100}$ = _____

d) $\frac{9}{10}$ = _____

3. Colorie les livres de la bibliothèque selon les indications suivantes, en fonction des nombres que tu vois sur la tranche.

a) Un 3 qui vaut 30 en bleu.

b) Un 8 qui vaut 800 en mauve.

c) Un 6 qui vaut 0,60 en rouge.

d) Un 5 qui vaut 5000 en jaune.

e) Un 9 qui vaut 0,09 en gris.

f) Un 1 qui vaut 1 en vert.

	333,86
63,68	3682,79
5710,40	4071,02
634,3	883,16

863	
4291,07	
83,63	4297,09
5072,10	30,03
8563,95	1386,51

Unité 1.23

Composer et décomposer un nombre écrit en notation décimale

Exemple

Le nombre 85,32 peut se décomposer de différentes façons. En voici deux:

80 + 5 + 0,30 + 0,02

8 dizaines + 5 unités + 32 centièmes

1. Écris le bon nombre. Pour t'aider, tu peux utiliser un tableau de numération.

a) 9 centaines + 6 unités + 1 dizaine + 20 centièmes = _____

b) 8 dizaines + 5 centaines + 4 unités + 3 centièmes = _____

c) 36 centièmes + 85 unités = _____

d) 2 centièmes + 1 dixième + 17 unités = _____

2. Décompose les nombres suivants de 2 façons différentes.

a) 731,59 : 1) _____

2) _____

_____

b) 895,14 : 1) _____

2) _____

_____

3. Relie le nombre décimal à son expression équivalente.

891,26 ●   ● 800 + 0,02 + 0,60 + 19

819,62 ●   ● 6 centaines + 1 dizaine + 2 unités + 98 centièmes

621,89 ●   ● 0,26 + 800 + 1 + 90

612,98 ●   ● 6 centaines + 1 unité + 2 dizaines + 89 centièmes

Unité 1.24

Reconnaître des expressions équivalentes

Exemple   Le nombre **25,37** est équivalent à **2537** centièmes.

c	d	u	,	$\frac{1}{10}$	$\frac{1}{100}$
	2	5	,	3	7

Savais-tu?

Le plus gros mammifère vivant sur la Terre est le rorqual bleu. Il peut mesurer de 20 à 25 mètres de long. Malheureusement, il est en voie de disparition depuis plusieurs années. C'est pourquoi le gouvernement du Canada interdit la chasse de cet animal depuis 1955.

1. Pour chacun des nombres suivants, trouve deux expressions équivalentes dans le tableau. Ensuite, colorie-les de la bonne couleur. Pour t'aider, tu peux utiliser un tableau de numération.

a) 56 dixièmes =

b) 540 dixièmes =

c) 5 dixièmes et 6 centièmes =

d) 55,78 =

5,6	54	4 unités et 5 dizaines	$\frac{56}{100}$
578 centièmes et 5 dizaines	0,56	6 dixièmes et 5 unités	55 unités et 78 centièmes

2. Trouve le nombre de dixièmes dans les nombres suivants.

a) 215,69 = _____ dixièmes   **b)** 0,80 = _____ dixièmes

c) 624,8 = _____ dixièmes   **d)** 1 = _____ dixièmes

Unité **1.25** — Situer des nombres décimaux sur un axe de nombres

Exemple

Si tu dois placer **2,8** sur une droite numérique, regarde la partie entière et la partie décimale pour bien le situer.

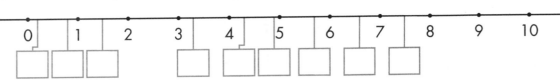

0   1   2   3

2,8

La partie entière de 2,8 est 2. Il faut donc placer 2,8 entre 2 et 3.

Plus près du 3 que du 2 à cause du chiffre (8) placé à la position des dixièmes.

1. Place les lettres des nombres suivants sur la droite numérique afin de trouver le mot secret.

7,5 = T	0,8 = X	4,9 = L	0,2 = E	6,6 = N
4,3 = L	1,5 = C	3,3 = E	5,7 = E	

0   1   2   3   4   5   6   7   8   9   10

Le mot secret est : _____.

2. Place les nombres décimaux suivants dans les bonnes cases sur les droites.

47,9   24,1   34,4   59,2   13,5

26,6   2,1   45,5   18,0   53,2

a) 0 .... 10 20

b) 20 .... 30 40

c) 40 .... 50 60

Unité 1.26

Comparer entre eux des nombres décimaux

Exemple

Pour t'aider à choisir le bon symbole, place les nombres sur une droite numérique.

0,26 ? 0,62

0   0,50   1

0,26   0,62

0,26 < 0,62

1. Compare les nombres décimaux suivants en utilisant les symboles >, < ou =.

a) 12,62 ◯ 12,26   **b)** 0,87 ◯ 0,86

c) 15,17 ◯ 17,15   **d)** 2,46 ◯ 4,26

e) 49,01 ◯ 49,1   **f)** 1,51 ◯ 1,5

g) 0,03 ◯ 0,3   **h)** 0,9 ◯ 0,90

i) 9,7 ◯ 9,70   **j)** 7,98 ◯ 8,79

2. Vrai ou faux? Si l'affirmation est fausse, corrige le symbole.

a) Douze et quinze centièmes ⟩ Quinze et douze centièmes _____

b) Dix et deux dixièmes ⟩ Dix et vingt centièmes _____

c) Trente-deux et trente centièmes ⟨ Trente-trois et trente centièmes _____

d) Zéro et six centièmes ⟨ Zéro et six dixièmes _____

e) Dix dixièmes = Un _____

3. Encercle tous les nombres plus petits que le nombre donné.

a) 56,09	55,97	56,8	57,07	56,15	56,01
b) 64,25	64,52	64,2	65,02	64,1	64,5
c) 53,31	53,13	54,29	53,4	52,91	53,30

Unité 1.27

Faire une approximation

Exemple

Arrondis à l'unité près le nombre 14,35.

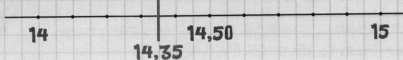

14   14,35   14,50   15

Puisque 14,35 se situe plus près du 14 que du 15, on arrondit 14,35 à 14.

Combien y a-t-il d'étoiles dans l'Univers?

Il est extrêmement difficile de connaître le nombre exact d'étoiles dans l'Univers. Même les experts, avec leurs ordinateurs superpuissants, doivent l'estimer. On dit qu'il y aurait environ 200 milliards d'étoiles. Il y aurait plus d'étoiles dans l'Univers que de grains de sable sur la Terre.

1. Utilise les droites numériques pour arrondir les nombres suivants à l'unité près.

a) 15,67 _____

15,00   15,50   16,00

b) 45,49 _____

45,00   45,50   46,00

c) 52,37 _____

52,00   52,50   53,00

2. Relie chaque nombre décimal au nombre arrondi à l'unité près qui lui correspond.

19,21   32,76   32,25   39,45   39,56

32   39   19   40   33

3. Arrondis au dixième près les nombres suivants.

a) 56,54 = _____   **b)** 54,24 = _____

c) 59,10 = _____   **d)** 57,59 = _____

e) 49,56 = _____   **f)** 45,91 = _____

g) 44,96 = _____   **h)** 59,97 = _____

 **Unité 1.28** Ordonner des nombres décimaux par ordre croissant ou décroissant

Exemple

Les nombres suivants sont placés par ordre croissant : 1,2, 1,23, 2,65, 3,9

Les nombres suivants sont placés par ordre décroissant : 15,9, 15,09, 14,52

1. Place les nombres suivants par ordre croissant.

45,12   44,90   45,8   44,61   45,09   45,91   44,1   44,7

☐ , ☐ , ☐ , ☐ , ☐ , ☐ , ☐ , ☐

2. Frédérique ne sait pas quel cours de danse suivre cet hiver. Pour faire son choix, elle veut classer les cours du plus cher au moins cher.

a) Peux-tu l'aider à les placer dans l'ordre ?

1) _____

2) _____

3) _____

4) _____

5) _____

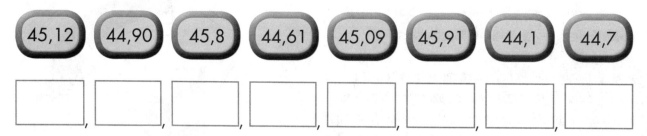

Cheerleading	155,09 $
Jazz	155,80 $
Hip-hop	154,99 $
Danse créative	154,78 $
Claquettes	155,96 $

b) Les as-tu placés dans l'ordre croissant ou décroissant ?

_____

3. Place ces nombres dans l'ordre décroissant.

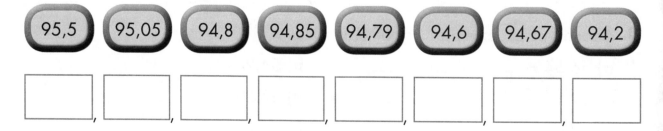

95,5   95,05   94,8   94,85   94,79   94,6   94,67   94,2

☐ , ☐ , ☐ , ☐ , ☐ , ☐ , ☐ , ☐

Unité 1.29

Associer une fraction à un nombre décimal

Exemple

$0,1 = \dfrac{1}{10}$, car

c	d	u	,	$\dfrac{1}{10}$	$\dfrac{1}{100}$
		0		1	

$1,15 = 1\dfrac{15}{100}$, car

c	d	u	,	$\dfrac{1}{10}$	$\dfrac{1}{100}$
		1		1	5

1. Transforme ces fractions en nombres décimaux.

a) $2\dfrac{45}{100} =$ _____

b) $\dfrac{9}{10} =$ _____

c) $\dfrac{2}{100} =$ _____

d) $35\dfrac{35}{100} =$ _____

e) $26\dfrac{4}{100} =$ _____

f) $16\dfrac{1}{10} =$ _____

2. Encercle la bonne réponse.

a) $2,04 =$ $\dfrac{204}{100}$ ou $\dfrac{24}{10}$

b) $9,1 =$ $\dfrac{91}{100}$ ou $\dfrac{91}{10}$

c) $0,5 =$ $\dfrac{1}{2}$ ou $\dfrac{1}{5}$

d) $3,5 =$ $\dfrac{35}{10}$ ou $\dfrac{3,5}{10}$

e) $1,7 =$ $\dfrac{17}{100}$ ou $\dfrac{17}{10}$

3. Colorie toutes les expressions équivalentes à 5,59.

$5\dfrac{59}{100}$	$\dfrac{595}{100}$	$5\dfrac{95}{100}$
$\dfrac{55}{10}$	$\dfrac{559}{100}$	$5 + \dfrac{5}{10} + \dfrac{9}{100}$
$\dfrac{59}{100}$	$\dfrac{559}{10}$	$\dfrac{55}{10} + \dfrac{9}{100}$

Activités synthèse

1. Relie chaque nombre décimal à sa forme écrite.

88,53 ●   ● Cent trente-trois et soixante-huit centièmes

103,68 ●   ● Cent onze et quatre-vingt-six centièmes

111,86 ●   ● Quatre-vingt-huit et cinquante-trois centièmes

133,68 ●   ● Cent trente-huit et quatre-vingt-trois centièmes

138,83 ●   ● Cent trois et soixante-huit centièmes

183,38 ●   ● Cent quatre-vingt-trois et trente-huit centièmes

2. Compose les nombres suivants. Pour t'aider, tu peux utiliser un tableau de numération.

a) $900 + 6 + 80 + 0,05 + 0,4 =$ _____

b) 95 dizaines + 65 dixièmes = _____

c) $5,6 + 90 + 600 + 0,01 =$ _____

d) 7 dizaines + 196 centièmes = _____

3. Compare les nombres décimaux suivants en utilisant les symboles $<$ ou $>$.

a) 0,15 ◯ 0,51   **b)** 4,98 ◯ 5,98

c) 5,17 ◯ 5,27   **d)** 2,15 ◯ 2,05

e) 2,75 ◯ 2,57   **f)** 3,01 ◯ 3,10

g) 8,7 ◯ 8,18   **h)** 6,01 ◯ 5,99

i) 12,08 ◯ 12,8   **j)** 10,2 ◯ 10,22

4. Vrai ou faux? Corrige au besoin.

a) Le chiffre 4 dans le nombre 4015,67 vaut 4000. _____

b) Le chiffre 8 dans le nombre 621,48 vaut 8 centaines. _____

c) Le chiffre 7 dans le nombre 7001,98 vaut 707. _____

d) Le chiffre 6 dans le nombre 2395,67 vaut 6 dixièmes. _____

5. Combien y a-t-il :

a) de dixièmes dans 264,89 ? _____

b) de dixièmes dans 194,54 ? _____

c) de dixièmes dans 2498,06 ? _____

d) d'unités dans 7532,36 ? _____

e) d'unités dans 12,99 ? _____

f) de centièmes dans 598,74 ? _____

g) de centièmes dans 102,09 ? _____

6. Arrondis les nombres suivants au dixième près.

a) 12,91 = _____   **b)** 10,09 = _____

c) 67,32 = _____   **d)** 49,99 = _____

e) 65,95 = _____   **f)** 0,01 = _____

7. Transforme ces fractions en nombres décimaux.

a) $\dfrac{78}{100}$ = _____   **b)** $\dfrac{9}{100}$ = _____

c) $4\dfrac{1}{100}$ = _____   **d)** $\dfrac{215}{100}$ = _____

e) $\dfrac{45}{10}$ = _____   **f)** $56\dfrac{65}{100}$ = _____

8. Place les nombres suivants par ordre décroissant.

a)

4,2   10,1   5,4   4,5   5,22   6,48

☐ , ☐ , ☐ , ☐ , ☐ , ☐

b)
 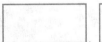

28,02   27,22   28,2   22,28   27,4   28,1

☐ , ☐ , ☐ , ☐ , ☐ , ☐

Section 2 — Arithmétique
Sens des opérations et opérations sur les nombres

Nombres naturels

2.1 Faire une approximation du résultat de l'une ou l'autre des opérations sur les nombres naturels

2.2 Reconnaître les opérations à effectuer dans la situation

2.3 Développer des processus de calcul écrit (addition)

2.4 Développer des processus de calcul écrit (soustraction)

2.5 Développer des processus de calcul écrit (addition et soustraction)

2.6 Traduire une situation à l'aide de matériel concret, de schémas ou d'équations et vice-versa (addition et soustraction)

2.7 Développer des processus de calcul écrit (multiplication)

2.8 Développer des processus de calcul écrit (division)

2.9 Développer des processus de calcul écrit (multiplication et division)

2.10 Traduire une situation à l'aide de matériel concret, de schémas ou d'équations par disposition rectangulaire, addition répétée, produit cartésien, aire, volume, soustraction répétée, partage, contenance et comparaison (sens de la multiplication et de la division)

2.11 Établir la relation d'égalité entre des expressions numériques

2.12 Déterminer des équivalences numériques à l'aide de relations entre les 4 opérations $(+, -, \times, \div)$, la commutativité $(+, \times)$, l'associativité et la distributivité de la multiplication sur l'addition ou la soustraction

2.13 Déterminer un terme manquant dans une équation

2.14 Décrire dans ses mots et à l'aide du langage mathématique des suites de nombres et des familles d'opérations

Activités synthèse

Nombres décimaux

2.15 Faire une approximation du résultat d'une addition ou d'une soustraction

2.16 Développer des processus de calcul écrit : additionner des nombres décimaux dont le résultat ne dépasse pas la position des centièmes

2.17 Traduire une situation à l'aide de matériel concret, de schémas ou d'équations et vice-versa (addition et soustraction)

2.18 Développer des processus de calcul écrit : soustraire des nombres décimaux dont le résultat ne dépasse pas la position des centièmes

2.19 Traduire une situation à l'aide de matériel concret, de schémas ou d'équations et vice-versa (multiplication et division)

2.20 Déterminer des équivalences numériques à l'aide des relations entre les opérations

Activités synthèse

Unité 2.1

**Faire une approximation du résultat
de l'une ou l'autre des opérations sur les nombres naturels**

Exemple	Opération	Approximation	Résultat réel
	15 + 28 = ?	10 + 30 = 40	15 + 28 = 43

Quel est l'animal le plus rapide?

Cet honneur revient au guépard. Ce félin vit en Afrique
et au Moyen-Orient. Sa taille fine et ses longues pattes
lui permettent de courir jusqu'à environ 110 km/h.

1. Fais une approximation du résultat des distances parcourues par chacun
des animaux. Ensuite, effectue le calcul de chacune d'elles.

	Animal	Distance (km)	Approximation de la distance totale (km)	Résultat réel
a)		47 + 52		
b)		81 + 47		
c)		108 + 32		
d)		56 + 64		
e)		78 + 82		
f)		63 + 82		

Nombres naturels

Arithmétique

Unité  2.2 Reconnaître les opérations à effectuer dans la situation

Exemple

$14 + ? = 23$

$14 + 9 = 23$

1. Léandre va dans une animalerie dans le but de faire des achats pour son lapin. Il voit les produits suivants sur l'étagère.

○   Mes notes
_____
_____
_____
_____
_____

a) Léandre a uniquement besoin de foin, de gâteries et de moulée. Quel sera le montant qu'il devra débourser?

Représentations ou calculs	Réponse

b) Léandre donne 30 $ à la caissière. Combien d'argent lui remettra-t-elle?

Représentations ou calculs	Réponse

c) Est-ce que Léandre a assez d'argent pour ajouter un bol à ses achats? Si oui, combien d'argent lui resterait-il après l'avoir acheté? Sinon, combien d'argent lui manquerait-il?

Représentations ou calculs	Réponse

2. Tristan court en compagnie de sa sœur Raphaëlle. Le tableau ci-contre donne la distance parcourue par les 2 amis dans chacune des courses.

Tristan	Raphaëlle
1ʳᵉ course : 450 m	1ʳᵉ course : 436 m
2ᵉ course : 656 m	2ᵉ course : 505 m
3ᵉ course : 395 m	3ᵉ course : 473 m

a) Calcule la distance totale parcourue par chacun d'eux.

Tristan	Raphaëlle

b) Qui a couru la plus longue distance totale ? _____

c) Quelle est la différence entre les distances totales courues par Raphaëlle et Tristan ? _____

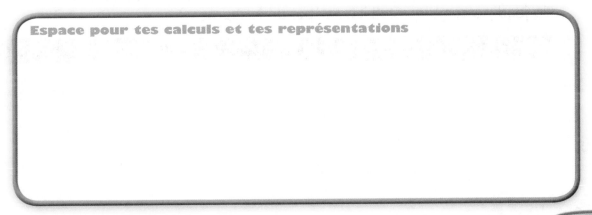

Espace pour tes calculs et tes représentations

Nombres naturels

Arithmétique

3. Marion distribue de la nourriture dans 5 animaleries de la région. Elle visite une animalerie par jour.

Jour	Animalerie	Nombre de kilomètres parcourus
Lundi	Aux 4 pattes	35
Mardi	Mon animal de compagnie	19
Mercredi	Chez Chat-chien	28
Jeudi	Aquarium et cie	41
Vendredi	Pattes et plumes	54

a) L'odomètre de Marion est à 534 kilomètres avant de commencer sa livraison de lundi. Combien de kilomètres l'odomètre marquera-t-il après sa livraison de lundi ?

Opération	Représentations du calcul	Résultat

b) Combien de kilomètres Marion a-t-elle parcourus en tout pour ses livraisons de mardi et de mercredi ?

Opération	Représentations du calcul	Résultat

c) Si l'odomètre de la voiture de Marion indique 769 km à la fin de la livraison de jeudi, à combien était-il au début de la journée ?

Opération	Représentations du calcul	Résultat

Unité 2.3

Développer des processus de calcul écrit (addition)

Exemple

$$\begin{array}{r} \overset{1}{1}546 \\ +\ \ 124 \\ \hline 1670 \end{array}$$

1. Effectue les opérations suivantes.

a) 35 + 57 = _____

b) 21 + (42 + 83) = _____

c) 413 + (91 + 23) = _____

d) 65 + (26 + 17) = _____

e) 254 + (15 + 87) = _____

f) 282 + (57 + 52) = _____

Espace pour tes calculs

Arithmétique — Nombres naturels

2. Associe l'opération à son résultat.

798 + 143 ●   ● 939

534 + 405 ●   ● 941

216 + 91 ●   ● 317

102 + 215 ●   ● 307

219 + 157 ●   ● 376

3. Effectue les opérations suivantes pour découvrir le nom du chat de Charles-Étienne.

a)
$$\begin{array}{r} 354 \\ +\ 156 \\ \hline \end{array}$$
T

b)
$$\begin{array}{r} 528 \\ +\ 179 \\ \hline \end{array}$$
A

c)
$$\begin{array}{r} 193 \\ +\ 97 \\ \hline \end{array}$$
C

d)
$$\begin{array}{r} 760 \\ +\ 190 \\ \hline \end{array}$$
N

e)
$$\begin{array}{r} 219 \\ +\ 481 \\ \hline \end{array}$$
S

f)
$$\begin{array}{r} 602 \\ +\ 398 \\ \hline \end{array}$$
O

g)
$$\begin{array}{r} 437 \\ +\ 324 \\ \hline \end{array}$$
E

510	1000	700	290	707	950	761

Unité 2.4

Développer des processus de calcul écrit (soustraction)

Exemple

Je veux soustraire le nombre **122** du nombre **513**.

$$\begin{array}{r} ^{4}^{1}3 \\ 53 \\ -\ 122 \\ \hline 391 \end{array}$$

1. Effectue les soustractions suivantes.

a)
$$\begin{array}{r} 3254 \\ -\ 325 \\ \hline \end{array}$$

b)
$$\begin{array}{r} 548 \\ -\ 236 \\ \hline \end{array}$$

c)
$$\begin{array}{r} 1092 \\ -\ 607 \\ \hline \end{array}$$

d)
$$\begin{array}{r} 2651 \\ -\ 1325 \\ \hline \end{array}$$

e)
$$\begin{array}{r} 367 \\ -\ 210 \\ \hline \end{array}$$

f)
$$\begin{array}{r} 209 \\ -\ 71 \\ \hline \end{array}$$

g)
$$\begin{array}{r} 489 \\ -\ 102 \\ \hline \end{array}$$

h)
$$\begin{array}{r} 103 \\ -\ 29 \\ \hline \end{array}$$

i)
$$\begin{array}{r} 6087 \\ -\ 1213 \\ \hline \end{array}$$

2. Associe l'opération à son résultat.

413 – 67   ●   ● 208

587 – 109   ●   ● 346

1546 – 1325 ●   ● 244

347 – 103   ●   ● 478

287 – 79   ●   ● 221

Espace pour tes calculs

3. Effectue les opérations suivantes.

a) 413 – (91 – 23) = _____

b) 65 – (26 – 17) = _____

c) 282 – (57 – 52) = _____

d) 650 – (540 – 16) = _____

Unité 2.5

Développer des processus de calcul écrit (addition et soustraction)

Exemple

$$\begin{array}{r} {}^{1\ 1}1031 \\ +\ \ 899 \\ \hline 1930 \end{array}$$

$$\begin{array}{r} {}^{4}4\overset{1}{3}52 \\ -\ 1246 \\ \hline 3106 \end{array}$$

1. Effectue les opérations suivantes. Ensuite, colorie tes résultats dans le dessin. Tu découvriras l'animal placé sur le bord de la fenêtre de Clément.

a)
$$\begin{array}{r} 768 \\ +\ 231 \\ \hline \end{array}$$

b)
$$\begin{array}{r} 2365 \\ -\ 1240 \\ \hline \end{array}$$

c)
$$\begin{array}{r} 803 \\ +\ 294 \\ \hline \end{array}$$

d)
$$\begin{array}{r} 326 \\ +\ 287 \\ \hline \end{array}$$

e)
$$\begin{array}{r} 815 \\ -\ 606 \\ \hline \end{array}$$

f)
$$\begin{array}{r} 1438 \\ +\ \ 953 \\ \hline \end{array}$$

g)
$$\begin{array}{r} 629 \\ -\ 237 \\ \hline \end{array}$$

h)
$$\begin{array}{r} 506 \\ +\ 395 \\ \hline \end{array}$$

i)
$$\begin{array}{r} 2760 \\ -\ 1691 \\ \hline \end{array}$$

j)
$$\begin{array}{r} 235 \\ +\ 543 \\ \hline \end{array}$$

k)
$$\begin{array}{r} 1092 \\ -\ \ 603 \\ \hline \end{array}$$

l)
$$\begin{array}{r} 2539 \\ +\ \ 201 \\ \hline \end{array}$$

m)
$$\begin{array}{r} 4263 \\ -\ 1372 \\ \hline \end{array}$$

n)
$$\begin{array}{r} 2657 \\ +\ 4878 \\ \hline \end{array}$$

o)
$$\begin{array}{r} 2406 \\ -\ 1907 \\ \hline \end{array}$$

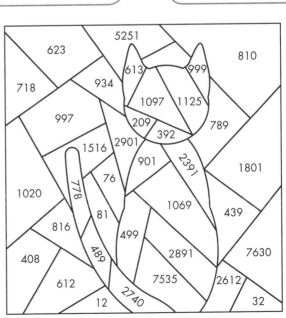

Unité 2.6

Traduire une situation à l'aide de matériel concret, de schémas ou d'équations et vice-versa (addition et soustraction)

Exemple

Thomas a 138 cartes de hockey dans sa collection.
Benjamin en a 112. Combien ont-ils de cartes en tout?
138 + 112 = 250
Ils ont 250 cartes en tout.

Qu'est-ce que le Temple de la renommée du hockey?

Le Temple a été fondé en 1943. Il a pour objectif de rendre hommage aux grands du hockey et de préserver l'histoire de ce sport. Chaque année, le Temple immortalise les réalisations de joueurs, d'officiels, de bâtisseurs et d'entraîneurs qui ont laissé leur trace dans ce sport. On dit alors qu'ils sont intronisés au Temple de la renommée.

1. Gabriel joue au hockey plusieurs fois par semaine. Le tableau ci-contre présente son temps de glace.

   a) Pendant combien de minutes a-t-il joué cette semaine?

   b) A-t-il joué plus longtemps que les 87 minutes de la semaine précédente? Calcule la différence.

Jour	Nombre de minutes passées sur la glace
Lundi	31 minutes
Mercredi	27 minutes
Vendredi	24 minutes
Samedi	18 minutes

Comprendre	Résoudre

Réponse complète : **a)** _____

                         b) _____

2. Louis et Josée collectionnent les cartes de hockey. Voici un tableau indiquant les cartes qu'ils ont achetées de novembre à juin.

Louis		Josée	
Novembre	4 cartes	Novembre	8 cartes
Décembre	8 cartes	Décembre	5 cartes
Janvier	10 cartes	Janvier	7 cartes
Février	6 cartes	Février	11 cartes
Mars	11 cartes	Mars	16 cartes
Avril	9 cartes	Avril	6 cartes
Mai	13 cartes	Mai	12 cartes
Juin	3 cartes	Juin	4 cartes

a) Calcule le nombre total de cartes appartenant à Louis. _____

b) Calcule le nombre total de cartes appartenant à Josée. _____

c) Qui a le plus de cartes ? Calcule la différence.

Comprendre	Résoudre

Réponse complète : **c)** _____

_____

Arithmétique

Arithmétique **Nombres naturels**

Unité 2.7 Développer des processus de calcul écrit (multiplication)

Exemple

(X X X X X) (X X X X X) (X X X X X) (X X X X X)

5 + 5 + 5 + 5 = 4 × 5 = 20

6

2 { [ ] } = 12 carrés

1. Associe l'addition répétée à la multiplication correspondante.

3 + 3 + 3 + 3 + 3 + 3   ●   ● 5 × 7

6 + 6 + 6   ●   ● 2 × 4

2 + 2 + 2 + 2   ●   ● 7 × 5

7 + 7 + 7 + 7 + 7   ●   ● 3 × 6

4 + 4   ●   ● 4 × 2

5 + 5 + 5 + 5 + 5 + 5 + 5 ●   ● 6 × 3

2. Trouve le nombre de rondelles dans les buts en utilisant l'addition répétée et la multiplication. Aide-toi de l'exemple.

Exemple :  6 + 6 = 12 2 × 6 = 12	**a)** _____ _____
b)  _____ _____	**c)**  _____ _____
d) _____ _____	

3. Illustre les multiplications suivantes et trouve le produit.

Exemple: 3 × 2		6
a) 5 × 3		_____
b) 2 × 6		_____
c) 4 × 1		_____

4. Trouve le produit des multiplications suivantes.

a)
```
    7
  × 3
  ____
```

b)
```
    2
  × 6
  ____
```

c)
```
    4
  × 5
  ____
```

d)
```
    8
  × 1
  ____
```

e)
```
    9
  × 4
  ____
```

f)
```
   218
  ×   4
  _____
```

g)
```
   423
  ×   3
  _____
```

h)
```
   546
  ×   7
  _____
```

i)
```
   197
  ×   5
  _____
```

5. Comme au hockey, les multiplications demandent de la pratique. Effectue les opérations suivantes.

a)
```
   365
  ×   6
  _____
```

b)
```
   879
  ×   5
  _____
```

c)
```
   614
  ×   7
  _____
```

d)
```
   890
  ×   3
  _____
```

Espace pour tes calculs

Unité 2.8

Développer des processus de calcul écrit (division)

Exemple

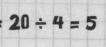

= 20 ÷ 4 = 5

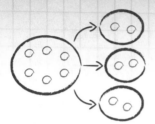

6 partagés en 3 = 2 chacun

6 ÷ 3 = 2

1. Gabriel assiste à un match de hockey. Dessine la représentation des spectateurs suivants. Ensuite, écris le nombre de spectateurs qu'il y a dans chaque rangée.

a) Il y a 18 spectateurs répartis dans 3 rangées.

Il y a _____ spectateurs dans chacune des 3 rangées.

b) Il y a 21 spectateurs répartis dans 3 rangées.

Il y a _____ spectateurs dans chacune des 3 rangées.

c) Il y a 12 spectateurs répartis dans 2 rangées.

Il y a _____ spectateurs dans chacune des 2 rangées.

d) Il y a 24 spectateurs répartis dans 3 rangées.

Il y a _____ spectateurs dans chacune des 3 rangées.

2. Lors d'un entraînement de hockey, l'entraîneur arrive avec une chaudière remplie de rondelles. Elles seront partagées entre les joueurs. Représente les rondelles, puis indique le nombre de rondelles qu'aura chaque joueur.

a) $16 \div 4$

Chaque joueur aura _____ rondelles.

b) $15 \div 3$

Chaque joueur aura _____ rondelles.

c) $21 \div 7$

Chaque joueur aura _____ rondelles.

d) $18 \div 9$

Chaque joueur aura _____ rondelles.

e) $24 \div 6$

Chaque joueur aura _____ rondelles.

Unité 2.9

Développer des processus de calcul écrit (multiplication et division)

Exemple

$$\begin{array}{r} \overset{1}{14} \\ \times\ 3 \\ \hline 42 \end{array}$$

$42 \div 3 =$

XXXXX	XXXXX	XXXXX
XXXXX	XXXXX	XXXXX
XXXX	XXXX	XXXX

1. Exerce-toi à faire les multiplications et les divisions suivantes.

	Opération	Représentations ou calculs	Réponse
a)	12 × 6		
b)	42 ÷ 6		
c)	26 × 3		
d)	36 ÷ 3		
e)	48 × 8		

2. Associe la division à la multiplication correspondante.

72 ÷ 9 = 8 ●   ● 5 × 9 = 45

45 ÷ 9 = 5 ●   ● 6 × 7 = 42

36 ÷ 4 = 9 ●   ● 4 × 8 = 32

42 ÷ 7 = 6 ●   ● 7 × 9 = 63

32 ÷ 8 = 4 ●   ● 8 × 9 = 72

63 ÷ 9 = 7 ●   ● 9 × 4 = 36

Espace pour tes calculs

Unité 2.10

Traduire une situation à l'aide de matériel concret, de schémas ou d'équations par disposition rectangulaire, addition répétée, produit cartésien, aire, volume, soustraction répétée, partage, contenance et comparaison (sens de la multiplication et de la division)

Exemple

3 rangées de 4 spectateurs = 4 + 4 + 4 ou 3 × 4 = 12

4

3 { □□□□ } = 12 carrés

Arithmétique Nombres naturels

1. Dans une section de l'aréna, il y a 8 rangées de 12 spectateurs. Toutes les places sont occupées. Combien y a-t-il de spectateurs dans cette section ?

Comprendre	Résoudre

Réponse complète : _____

2. Dans un aréna, il y a 512 sièges. L'aréna comporte 8 sections ayant chacune le même nombre de sièges. Combien y a-t-il de sièges par section dans cet aréna ?

Comprendre	Résoudre

Réponse complète : _____

Arithmétique

3. Pour amasser des fonds, les joueurs doivent vendre des billets pour un tirage. Gabriel a vendu 5 paquets de 12 billets. David en a vendu le double de Gabriel. Combien de billets ont vendus Gabriel et David chacun de son côté ? Combien en ont-ils vendu en tout ?

Comprendre	Résoudre

Réponse complète : _____

_____

4. Remplis le tableau suivant.

	Énoncé	Sous forme d'addition	Sous forme de multiplication	Réponse
Exemple :	xxxx xxxx xxxx	4 + 4 + 4	3 × 4	12
a)	xx xx xx xx			
b)	x x x x x			
c)	xxxxx xxxxx xxxxx xxxxx			
d)	xxxxxx xxxxxx xxxxxx			
e)	xxxxx xxxxx			
f)	xxxxxxxxxx			

5. Représente les multiplications suivantes sous forme de dessin.

	Multiplication	Représentation
a)	3 × 4	
b)	5 × 2	
c)	2 × 6	

Unité 2.11

Établir la relation d'égalité entre des expressions numériques

Exemple

$$25 + 20 = 20 + 25$$
$$10 + 12 = 30 - 8$$
$$3 \times 5 = 30 \div 2$$

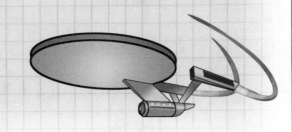

Quelle est la plus haute tour inclinée au monde?

Il s'agit de la tour du Stade olympique de Montréal, construite pour les Jeux olympiques de Montréal de 1976. Elle mesure 175 mètres de haut et a une inclinaison de 23° à 63,4°. Par le funiculaire, les touristes peuvent accéder au dernier étage et contempler la ville, jusqu'à 80 km à la ronde.

1. Une équipe se prépare pour une compétition. Raphaël se demande si ses 2 amis, Hervé et Malik, ont parcouru la même distance durant leur course. Aide-le à remplir ce tableau.

	Hervé	Malik	Même distance?		Sinon, inscrire la différence en mètres (m)
			Oui	Non	
a)	512 m + 123 m	602 m + 36 m			
b)	390 m + 89 m	240 m × 2			
c)	2 × 160 m	150 m + 170 m			

Arithmétique **75**

Arithmétique • Nombres naturels

Unité 2.12

Déterminer des équivalences numériques à l'aide de relations entre les 4 opérations (+, –, x, ÷), la commutativité (+, x), l'associativité et la distributivité de la multiplication sur l'addition ou la soustraction

Exemple

Commutativité : $2 + 5 = 5 + 2$ ou $2 \times 5 = 5 \times 2$

Associativité : $(3 + 4) + 2 = 3 + (4 + 2) = 9$

1. En te servant de la commutativité et de l'associativité, calcule le nombre de mètres courus par chaque membre de l'équipe d'athlétisme de Marine au cours de trois essais.

	Coureuse	Calcul des distances
a)	Cynthia	$43\text{ m} + (54\text{ m} + 16\text{ m}) =$ _____
b)	Jasmine	$(19\text{ m} + 17\text{ m}) + 32\text{ m} =$ _____
c)	Josiane	$42\text{ m} + 65\text{ m} + 21\text{ m} =$ _____
d)	Charlène	$(35\text{ m} + 51\text{ m}) + 9\text{ m} =$ _____
e)	Mary-Lee	$12\text{ m} + (32\text{ m} + 44\text{ m}) =$ _____

Espace pour tes calculs

2. Vrai ou faux ?

Vrai   Faux

a) $31 + (54 + 2) = 37 + (16 + 21)$

b) $(32 + 13) + 14 = 132 - 73$

c) $(14 + 18) + (3 + 9) = 40 - 7$

d) $2 \times (16 + 5) = 50 - 8$

e) $(13 + 21) + (12 + 31) = 7 \times 11$

3. Charlotte s'entraîne pour faire une course de vélo. Voici les distances qu'elle a parcourues au cours des 7 dernières semaines.

Semaine	Distances (km)
Semaine 1	4 + (8 + 13) + 3
Semaine 2	5 + 9 + 2 + 12
Semaine 3	(32 + 7) + 23
Semaine 4	23 + (2 + 16) + 12
Semaine 5	21 + 4 + (18 + 9)
Semaine 6	(22 + 7) + 6 + 8
Semaine 7	14 + 21 + (16 + 15)

Combien de kilomètres de vélo Charlotte a-t-elle parcourus en tout pendant son entraînement?

Comprendre	Résoudre

Réponse complète : _____

Arithmétique

Arithmétique — Nombres naturels

77

Unité **2.13**

Déterminer un terme manquant dans une équation

Exemple

$6 \times ? = 12$ $? \div 6 = 2$

$6 \times 2 = 12$ $12 \div 6 = 2$

La Lune est-elle grosse ?

La Lune est le 5e satellite du système solaire pour ce qui est de la taille. C'est aussi la seule planète non terrestre à avoir été visitée par l'homme. Neil Armstrong a été le 1er astronaute à y mettre le pied.

1. Au planétarium, Gaël est assis dans la 24e rangée. Il se trouve 2 fois plus loin que lors de la dernière représentation à laquelle il a assisté. Dans quelle rangée était-il assis la dernière fois ?

Comprendre	Résoudre

Réponse complète : _____

_____

2. Au planétarium, il y a 2 représentations du court métrage *Planète de glace* dans la même journée. Au total, les 2 représentations ont duré 70 minutes. Combien de temps (en minutes) dure 1 représentation ?

Comprendre	Résoudre

Réponse complète : _____

3. Trouve les termes manquants. Ensuite, colorie le dessin à l'aide de tes réponses. Tu découvriras l'année où Neil Armstrong a mis le pied sur la Lune.

a) $? \times 12 = 36$ _____

b) $? \div 9 = 3$ _____

c) $13 \times ? = 26$ _____

d) $36 \div ? = 4$ _____

e) $44 \div ? = 4$ _____

f) $? \times 12 = 60$ _____

g) $16 \times ? = 64$ _____

h) $70 \div ? = 7$ _____

i) $28 \div ? = 4$ _____

j) $3 \times ? = 36$ _____

k) $? \times 1 = 29$ _____

l) $? \div 7 = 3$ _____

Espace pour tes calculs

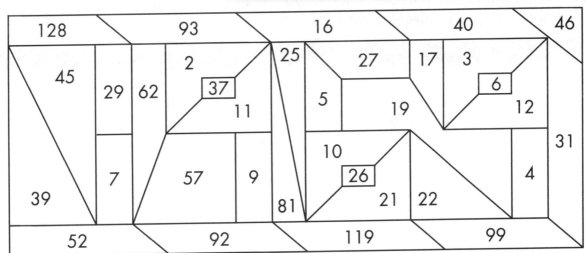

4. Associe l'opération à son terme manquant.

$6 \times ? = 42$ ● 　　　● 6

$? \div 7 = 4$ ● 　　　● 7

$? \times 6 = 54$ ● 　　　● 12

$? \div 3 = 6$ ● 　　　● 28

$2 \times ? = 24$ ● 　　　● 9

$12 \div ? = 2$ ● 　　　● 18

Espace pour tes calculs

Arithmétique **79**

Arithmétique · Nombres naturels

5. Hakim observe la Lune avec son télescope. Il voit 4 mers sur la Lune. Sa mère lui confirme qu'il en existe 9 en tout. Combien de mers lui reste-t-il à trouver ?

Comprendre	Résoudre

Réponse complète : _____

_____

6. Il y a 12 jours, c'était la pleine lune. Lya sait que les phases lunaires durent 30 jours. Combien de jours doit-elle attendre avant de voir une nouvelle pleine lune ?

Comprendre	Résoudre

Réponse complète : _____

_____

Unité 2.14

Décrire dans ses mots et à l'aide du langage mathématique des suites de nombres et des familles d'opérations

Exemple Régularité +17, −3

345, ⁺¹⁷ 362, ^{−3} 359, ⁺¹⁷ 376

1. Durant leur mission, les astronautes prennent en note les données de leurs cadrans. Les données des cadrans changent de façon régulière. Complète les suites de nombres en y ajoutant les 3 nombres qui suivent. Ensuite, trouve la régularité de chacune des suites.

	Suite	Régularité
a)	316, 324, 332, _____ , _____ , _____	
b)	502, 500, 515, 513, _____ , _____ , _____	
c)	278, 287, 280, 289, _____ , _____ , _____	
d)	487, 506, 525, _____ , _____ , _____	
e)	276, 382, 374, 480, _____ , _____ , _____	
f)	612, 512, 514, 414, _____ , _____ , _____	

Espace pour tes calculs

2. Vrai ou faux?

La régularité de...

Vrai   Faux

a) 243, 362, 382, 392 est + 20.

b) 465, 564, 663, 762 est + 99.

c) 512, 412, 422, 322, 332 est − 100, + 10.

d) 70, 51, 32, 16 est − 19.

e) 512, 412, 462, 362, 412 est − 100, + 50.

> **Espace pour tes calculs**

3. Le cadran principal de la navette spatiale indiquait 681 lors de la première vérification. Ce cadran fait des bonds de +73, −12. Quel sera le 6e nombre de la suite?

Comprendre	Résoudre

Réponse complète : _____

_____

Activités synthèse

1. Fais l'approximation des opérations suivantes. Ensuite, fais le calcul de chacune.

	Opération	Approximation	Résultat réel
a)	154 – 43 =		
b)	835 + 63 =		

2. Remplis le tableau suivant.

	Opération	Représentation du calcul	Calcul	Terme manquant
a)	271 – ? = 63			
b)	167 + ? = 509			

3. Effectue les opérations suivantes.

a)
```
  694
+ 198
```

b)
```
  5702
- 2619
```

c)
```
  648
+ 279
```

d)
```
  571
+ 339
```

e)
```
  502
- 126
```

f)
```
  4901
+  699
```

Arithmétique   Nombres naturels

4. Louka, Udo et Yohan ont chacun une collection de petites voitures. Louka a 63 voitures dans sa collection et Udo en a 78. Combien de voitures a Yohan si nos 3 amis ont 361 voitures en tout?

Comprendre	Résoudre

Réponse complète : _____

_____

5. Associe la division à la multiplication correspondante.

$56 \div 8 = 7$ ●   ● $9 \times 8 = 72$

$72 \div 8 = 9$ ●   ● $3 \times 8 = 24$

$48 \div 8 = 6$ ●   ● $7 \times 8 = 56$

$24 \div 8 = 3$ ●   ● $4 \times 8 = 32$

$32 \div 8 = 4$ ●   ● $6 \times 8 = 48$

6. Associe l'addition répétée à sa multiplication.

$4 + 4 + 4 + 4 + 4$ ●   ● 2×3

$3 + 3 + 3 + 3$ ●   ● 3×2

$2 + 2 + 2$ ●   ● 3×4

$5 + 5 + 5 + 5$ ●   ● 5×4

$4 + 4 + 4$ ●   ● 4×3

$3 + 3$ ●   ● 4×5

7. Effectue les opérations suivantes.

a) 125 + (18 + 13) = _____

b) 387 − (41 + 14) = _____

c) (64 + 51) − 12 = _____

Espace pour tes calculs

8. Est-ce que les opérations
suivantes sont équivalentes ?

	Oui	Non
a) 154 + 13 = 201 − 34	◯	◯
b) 39 + 63 = 75 − 65	◯	◯
c) 201 − 18 = 139 + 44	◯	◯
d) 76 − 9 = 87 − 20	◯	◯
e) 47 + 89 = 72 + 35	◯	◯

9. Trouve les termes manquants dans
les opérations suivantes.

a) ? + 365 = 502 _____

b) 145 + ? = 273 _____

c) ? − 18 = 72 _____

d) 309 − ? = 298 _____

e) ? − 32 = 34 _____

10. Trouve les 3 nombres suivants dans chaque suite.

a) 354, 370, 386, 402, _____ , _____ , _____

b) 162, 192, 142, 172, _____ , _____ , _____

c) 431, 433, 440, 442, _____ , _____ , _____

d) 908, 897, 886, 875, _____ , _____ , _____

e) 101, 98, 89, 86, _____ , _____ , _____

Arithmétique — Nombres naturels

Unité 2.15

Faire une approximation du résultat d'une addition ou d'une soustraction

Exemple

Si j'arrondis 4,2 à l'unité, la réponse est 4.

Si j'arrondis 2,8 à l'unité, la réponse est 3.

Je peux donc estimer que $4,2 + 2,8 \approx 7$, car $4 + 3 = 7$.

Abeille ou guêpe ?

Il est faux de croire qu'une guêpe meurt après avoir piqué sa proie. Elle peut même piquer plusieurs fois en quelques secondes. Si de nombreuses personnes pensent que la guêpe meurt après avoir piqué, c'est parce qu'elles confondent la guêpe et l'abeille.

1. Frédérique observe une guêpe qui vole pendant quelque temps autour d'un autre animal avant de le piquer. La guêpe refait plusieurs fois ce manège. Estime la durée de vol, en secondes, observée par Frédérique en remplissant le tableau suivant.

	Observations	Approximation	Résultat réel
	Ex.: 1,3 + 3,8 = ?	$1,3 \to 1$ $3,8 \to 4$ $1 + 4 = 5 \longleftarrow$	$\begin{array}{r} 1,3 \\ + 3,8 \\ \hline \longrightarrow 5,1 \end{array}$
a)	3,1 + 4,2 = ?	$3,1 \to$ ____ $4,2 \to$ ____ ____ + ____ = ____	$\begin{array}{r} 3,1 \\ + 4,2 \\ \hline \square \end{array}$
b)	8,8 + 2,2 = ?	$8,8 \to$ ____ $2,2 \to$ ____ ____ + ____ = ____	$\begin{array}{r} 8,8 \\ + 2,2 \\ \hline \square \end{array}$
c)	5,7 + 9,4 = ?		

2. Estime la réponse de ces soustractions.

Ex.: Soustraction	Estimation
10,10 − 4,98	10 − 5 = 5

a) 14,75 – 3,20 _____

b) 24, 49 – 4,56 _____

c) 27,89 – 7,02 _____

d) 17,46 – 9,10 _____

Unité 2.16

Développer des processus de calcul écrit : additionner des nombres décimaux dont le résultat ne dépasse pas la position des centièmes

Exemple   28,79 + 13,05 = ?

c	d	u	,	$\frac{1}{10}$	$\frac{1}{100}$
	$\overset{1}{2}$	8	,	$\overset{1}{7}$	9
+	1	3	,	0	5
	4	1	,	8	4

Alors,
28,79 + 13,05 = 41,84

Colorie le dessin suivant selon le code de couleurs ci-dessous.

    Résultats entre 0 et 50,50

    Résultats entre 50,51 et 100,00

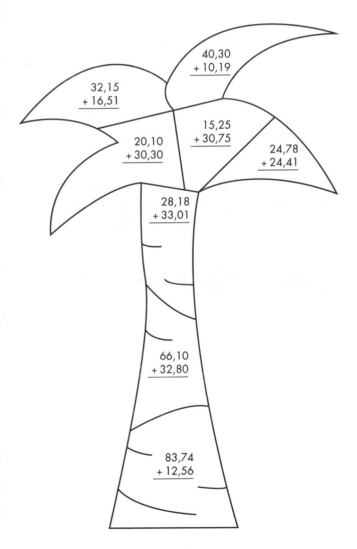

40,30
+ 10,19

32,15
+ 16,51

15,25
+ 30,75

20,10
+ 30,30

24,78
+ 24,41

28,18
+ 33,01

66,10
+ 32,80

83,74
+ 12,56

Espace pour tes calculs

Arithmétique   **Nombres décimaux**

Unité 2.17

Traduire une situation à l'aide de matériel concret, de schémas ou d'équations et vice-versa (addition et soustraction)

Exemple

Juliana a **12,20$**. Elle s'achète une tablette de chocolat qui coûte **1,10$**. Combien d'argent lui reste-t-il?

$$12,20\$ - 1,10\$ = 11,10\$$$

Réponse: Il reste **11,10$** à Juliana.

1. La reine du nid exige une récolte de 54,2 g de pollen chaque jour et les guêpes en ont récolté 32,1 g. Combien de grammes de pollen manque-t-il pour atteindre la quantité exigée par la reine?

Comprendre	Résoudre

Réponse: _____

2. Un oiseau voulant survoler plusieurs nids de guêpes doit parcourir plusieurs mètres. Du nid A au nid B, il y a 64,20 m. Du nid B au nid C, il y a le double de la distance entre le nid A et le nid B. Combien de mètres l'oiseau doit-il parcourir pour survoler les trois nids?

Comprendre	Résoudre

Réponse: _____

3. Les abeilles de la ruche A ont parcouru 786,5 m aujourd'hui. Les abeilles de la ruche B ont parcouru 895,6 m. Combien de mètres les abeilles de la ruche B ont-elles parcourus de plus que celles de la ruche A?

Comprendre	Résoudre

Réponse : _____

4. Pour préparer un refuge pour les guêpes, Jane reçoit la somme de 236,75 $. Elle achète 110,09 $ de bois, 25,45 $ de tissu et 5,89 $ de vis. Combien reste-t-il d'argent à Jane après ses achats?

Comprendre	Résoudre

Réponse : _____

Arithmétique   Nombres décimaux

Unité 2.18

Développer des processus de calcul écrit : soustraire des nombres décimaux dont le résultat ne dépasse pas la position des centièmes

Exemple $81,13 - 53,39 = ?$

c	d	u	,	$\frac{1}{10}$	$\frac{1}{100}$
	$\overset{7}{8}$ $\overset{10}{1}$	,	$\overset{10}{1}$	$\overset{1}{3}$
-	5	3	,	3	9
	2	7	,	7	4

Alors,
$81,13 - 53,39 = 27,74$

Comment se protégeait-on des sorts ?

Il y a plusieurs centaines d'années, en Europe, les gens inventaient des potions pour se protéger des mauvais sorts jetés par les sorcières. Ils mettaient ces potions dans des « bouteilles de sorciers » enterrées près de leur maison. Ces bouteilles devaient notamment contenir des morceaux d'ongles, de la mousse de nombril et des cheveux.

1. Voici la recette qui sert à préparer une bouteille de sorciers :

> **18,67** g de morceaux d'ongles
> **27,82** g de mousse de nombril
> **49,71** g de cheveux

Adam a 54,38 g de morceaux d'ongles, 75,19 g de mousse de nombril et 165,64 g de cheveux. Combien de bouteilles de sorciers peut-il préparer ?

g de morceaux d'ongles	g de mousse de nombril	g de cheveux
54,38 – 18,67 □	75,19 – 27,82 □	165,64 – 49,71 □
□ – 18,67 □	□ – 27,82 □	□ – 49,71 □

Réponse complète : _____

2. Pour savoir dans quel pays les bouteilles de sorciers étaient le plus utilisées, effectue les soustractions suivantes. Trouve la réponse dans la grille située au bas de la page et écris les lettres associées. Place-les ensuite dans le bon ordre pour trouver le pays.

a)
```
   32,59
 −  7,63
```

b)
```
   54,37
 − 16,29
```

c)
```
   35,13
 − 18,09
```

d)
```
   67,01
 − 48,16
```

e)
```
   46,31
 − 19,07
```

f)
```
   164,53
 −  51,67
```

g)
```
   137,49
 −  28,51
```

h)
```
   249,87
 − 136,99
```

i)
```
   134,29
 −  97,61
```

j)
```
   164,09
 − 137,68
```

T	G	E	R	L
112,86	17,04	108,98	36,68	18,85
E	A	N	R	E
27,24	24,96	38,08	112,88	26,41

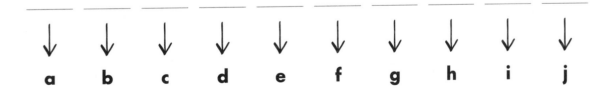

a   b   c   d   e   f   g   h   i   j

Unité 2.19

Traduire une situation à l'aide de matériel concret, de schémas ou d'équations et vice-versa (multiplication et division)

Exemple

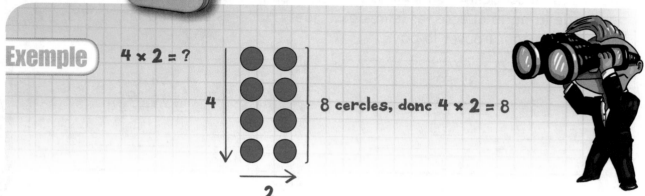

$4 \times 2 = ?$

4

8 cercles, donc $4 \times 2 = 8$

2

1. Éloi s'inquiète pour la sécurité de sa maison et de sa famille. Il doit enterrer un certain nombre de bouteilles de sorciers pour assurer sa sécurité.

a) Éloi a fait un plan de sa maison. Calcule l'aire de sa maison, qui mesure 6 carrés-unités de long sur 8 carrés-unités de large.

Comprendre	Résoudre

Réponse : _____ carrés-unités.

b) Le fou du village a vu le plan d'Éloi et, selon lui, une bouteille de sorciers protège 7 carrés-unités. Combien de bouteilles doit-on enterrer pour protéger une maison qui fait 30 carrés-unités ?

Comprendre	Résoudre

Réponse : _____

2. Nathalie, la femme de Paul, désire préparer les bouteilles. Elle décide d'y ajouter de l'eau. Malheureusement, elle ignore combien de millilitres elle doit utiliser au total. Pour 1 bouteille, elle doit utiliser 12 ml. Combien de millilitres d'eau doit-elle utiliser pour préparer 5 bouteilles ?

Comprendre	Résoudre

Réponse : _____

3. Nathalie a récupéré 63 g de mousse de nombril pour faire ses 5 bouteilles de sorciers. Elle veut des quantités égales dans chacune d'elles. Combien de grammes de mousse de nombril pourra-t-elle mettre dans chacune des bouteilles ?

Comprendre	Résoudre

Réponse : _____

Unité 2.20

Déterminer des équivalences numériques à l'aide des relations entre les opérations

Exemple $3,2 + 4,6 = 4,6 + 3,2$

1. Associe les opérations équivalentes.

$10,6 + 5,2$ ●	● $2,5 + 10,6$
$11,6 + 2,5$ ●	● $2,5 + 11,6$
$5,2 + 6,3$ ●	● $2,5 + 6,3$
$6,3 + 2,5$ ●	● $5,2 + 10,6$
$10,6 + 2,5$ ●	● $6,3 + 5,2$

Espace pour tes calculs

2. Effectue les opérations suivantes. Observe la grille située ci-dessous pour trouver ta réponse. Pour t'aider, utilise un tableau de numération.

a) $12,3 + 6,7 =$ _____

b) $3,5 + 6,5 =$ _____

c) $9,9 + 4,0 =$ _____

d) $21,8 + 6,2 =$ _____

e) $17,3 + 6,9 =$ _____

23,12	28	9,10	13,9	24,2
19	18,10	27,10	10	14,9

Espace pour tes calculs

Activités synthèse

1. Estime le résultat de ces opérations. N'oublie pas d'arrondir à l'unité pour faciliter ton estimation.

Ex.:	Addition	Estimation
	24,90 + 15,09	25 + 15 = 40

a) 11,56 + 36,78 _____

b) 62,45 + 21,65 _____

c) 45,23 + 49,71 _____

d) 61,06 + 49,17 _____

e) 26,54 + 56,12 _____

f) 98,62 + 12,65 _____

2. a) Louis aimerait aller en Angleterre. Pour pouvoir faire son voyage, il lui faut 256,94 $. Il a économisé jusqu'à maintenant 131,19 $. Combien d'argent lui manque-t-il pour partir pour l'Angleterre ?

Comprendre	Résoudre

Réponse : _____

b) Son frère Charles lui donne 163,78 $ en cadeau. Combien d'argent Louis a-t-il maintenant ?

Comprendre	Résoudre

Réponse : _____

Arithmétique — Nombres décimaux

3. En vacances à Québec, Simon veut compter le nombre de tuiles de céramiques qui recouvrent le plancher de sa chambre d'hôtel. Il sait que la chambre a 12 tuiles de long par 6 tuiles de large. Combien de tuiles y a-t-il en tout?

Comprendre	Résoudre

Réponse : _____

4. La sorcière Selma veut jeter un sort à une famille de 4 personnes. Elle a 66 ml de potion magique et veut en donner une part égale à chacun des membres de la famille. Calcule combien de millilitres elle doit donner à chaque personne.

Comprendre	Résoudre

Réponse : _____

5. Vrai ou faux?

    Vrai   Faux

a) $51,12 + 24,89 = 24,89 + 51,12$ ⚪ ⚪

b) $12,3 - 2 = 24,6$ ⚪ ⚪

c) $67,18 - 12,56 = 12,56 - 67,18$ ⚪ ⚪

d) $30,3 + 3 = 33,3$ ⚪ ⚪

Section 3 Géométrie

3.1 Effectuer des activités de repérage dans un plan

3.2 Effectuer des activités de repérage sur un axe

3.3 Repérer des points dans un plan cartésien

3.4 Décrire des prismes et des pyramides à l'aide de faces, de sommets et d'arêtes

3.5 Classifier des prismes

3.6 Classifier des pyramides

3.7 Développer un prisme et associer le développement de sa surface au prisme correspondant

3.8 Développer une pyramide et associer le développement de sa surface à la pyramide correspondante

3.9 Décrire des polygones convexes et non convexes

3.10 Identifier et construire des droites parallèles et des droites perpendiculaires

3.11 Décrire des quadrilatères

3.12 Observer et produire des régularités à l'aide de figures géométriques

3.13 Observer et produire des frises à l'aide de la réflexion

3.14 Observer et produire des dallages à l'aide de la réflexion

Activités synthèse

Unité 3.1

Effectuer des activités de repérage dans un plan

Exemple

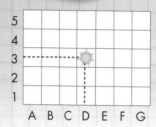

Le soleil est dans la case D3.

Comment se repère-t-on sur le globe terrestre?

Pour se repérer sur une carte géographique ou un globe terrestre, on a divisé la Terre sur deux axes: les méridiens, lignes qui passent par les deux pôles, et les parallèles, qui sont des cercles parallèles à l'équateur. On peut ainsi trouver précisément les coordonnées d'un endroit.

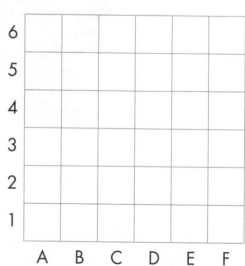

1. Indique dans quelle case se trouvent les figures ci-contre.

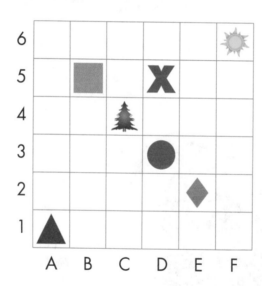

☀ : ___   ● : ___

■ : ___   ◆ : ___

✗ : ___   ▲ : ___

🌲 : ___

2. Place les figures ci-dessous sur le plan.

☀ : A4   ● : B5

■ : C6   ▲ : D1

T : E3   ◆ : B2

🌳 : F2

3. Violaine et Bertrand partent de chez eux et marchent dans la ville. Ils doivent se rencontrer dans un restaurant pour boire un jus. Ensuite, ils vont faire des courses.

Trace en vert les déplacements de Violaine (V) et en bleu les déplacements de Bertrand (B) sachant que :

> → 1 case vers la droite,
>
> ← 1 case vers la gauche,
>
> ↑ 1 case vers le haut,
>
> ↓ 1 case vers le bas.

Violaine (V) : ↓ ↓ → → ↓ → → → ↓ ↓ ↓ → → ↑ → ↑ ↑ ↑

Bertrand (B) : → → ↑ ↑ → → ↑ ↑ → → ↑ ↑ ↑ ↑ → → →

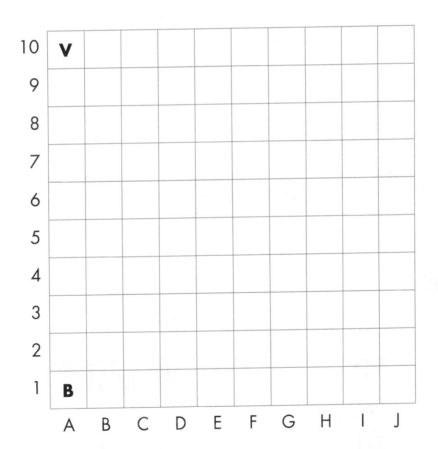

Dans quelle case Violaine et Bertrand se rencontrent-ils pour boire un jus ? _____

Dans quelle case Violaine termine-t-elle ses courses ? _____

Dans quelle case Bertrand termine-t-il ses courses ? _____

4. Liang, en B1, veut cueillir toutes les fleurs de ce champ. Indique les déplacements qu'elle devra effectuer pour les ramasser.

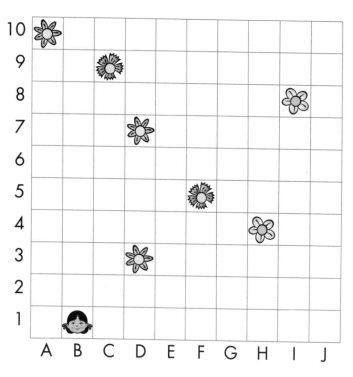

_____

_____

5. Voici un jeu de bataille navale. Les rectangles représentent des bateaux qu'il faut repérer sur la grille de l'adversaire. Indique les cases occupées par chaque bateau.

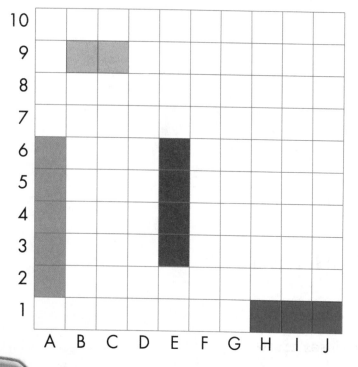

Unité 3.2

Effectuer des activités de repérage sur un axe

Exemple

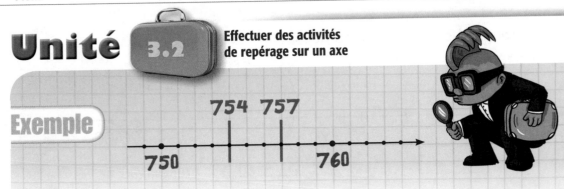

754   757

750   760

1. Chaque année, la Grande Bibliothèque met des livres en vente. En 2010, elle a vendu 22 378 livres. En 2011, elle en a vendu 22 387 et en 2012, 22 367 livres ont été vendus. Place ces nombres sur la droite numérique.

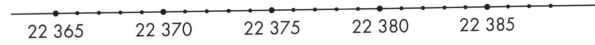

22 365   22 370   22 375   22 380   22 385

2. Plusieurs satellites artificiels orbitent autour de la Terre. Voici l'altitude, en kilomètres, de certains satellites.

Indique leur altitude sur la droite numérique.

| A: 20 491 | B: 20 495 | C: 20 486 | D: 20 499 | E: 20 482 |

_km_

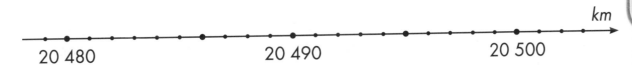

20 480   20 490   20 500

3. Place les nombres suivants sur les droites numériques.

a) | A: 7521 | B: 7507 | C: 7518 | D: 7528 | E: 7526 |

7510   7515   7520   7525   7530

b) | A: 15 998 | B: 15 992 | C: 16 002 | D: 15 989 | E: 16 008 |

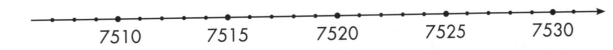

15 990   15 995   16 000   16 005   16 010

Géométrie

4. Inscris les bons nombres aux endroits indiqués.

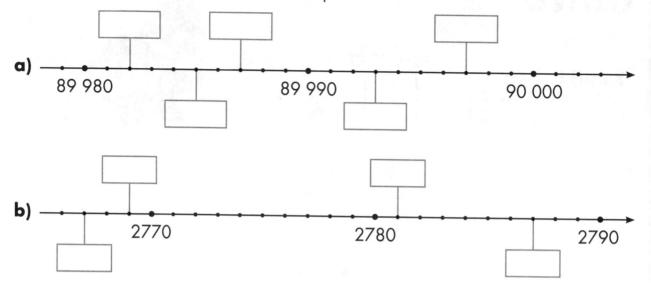

a) 89 980   89 990   90 000

b) 2770   2780   2790

5. Illustre les situations suivantes sur les axes ci-dessous.

Exemple: Un alpiniste est à 35 mètres du sol. Il grimpe de 10 mètres, puis redescend de 5 mètres. Illustre sur l'axe ci-dessous le déplacement de cet alpiniste.

20   30   40   50   *m*

a) Martial lit un roman. Ce matin, il a commencé sa lecture à la page 503 et il a lu 8 pages. Cet après-midi, il en a lu 3. Illustre sur l'axe ci-dessous les pages lues durant la journée.

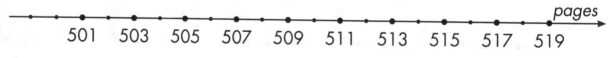

501   503   505   507   509   511   513   515   517   519   *pages*

À quelle page est-il rendu? _____

b) Sylvie entre sur l'autoroute au kilomètre 817. Après 8 kilomètres, elle sort de l'autoroute pour faire le plein d'essence de sa voiture. Elle revient ensuite sur ses pas sur une distance de 3 kilomètres. Illustre sur l'axe ci-dessous les déplacements de Sylvie.

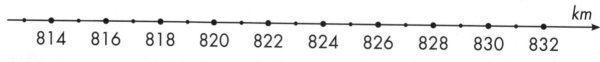

814   816   818   820   822   824   826   828   830   832   *km*

À quel kilomètre sort-elle de l'autoroute? _____

6. Les élèves de la classe de Karina amassent des assiettes d'aluminium pour une œuvre de charité.

- Au début du mois de septembre, ils avaient amassé 500 grammes d'aluminium.

- Au 15 septembre, 800 grammes s'étaient ajoutés.

- À la fin de septembre, 400 grammes de plus étaient amassés.

Illustre, sur l'axe ci-contre, la progression de la masse d'aluminium amassée.

Grammes

1800
1700
1600
1500
1400
1300
1200
1100
1000
900
800
700
600
500
400
300
200
100
0

Géométrie

Unité

3.3   **Repérer des points dans un plan cartésien**

Exemple

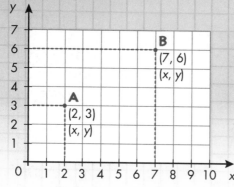

Les coordonnées (x, y) de A sont (2, 3).

Les coordonnées (x, y) de B sont (7, 6).

1. Donne les coordonnées (x, y) des points suivants.

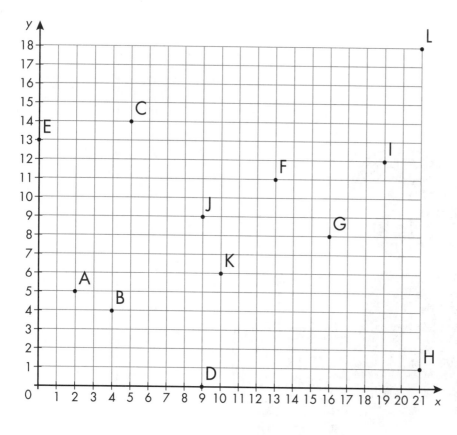

A (—, —)   B (—, —)   C (—, —)   D (—, —)

E (—, —)   F (—, —)   G (—, —)   H (—, —)

I (—, —)   J (—, —)   K (—, —)   L (—, —)

2. Place les points suivants dans le plan cartésien.

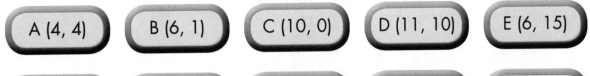

A (4, 4)   B (6, 1)   C (10, 0)   D (11, 10)   E (6, 15)

F (19, 9)   G (0, 15)   H (16, 5)   I (1, 1)   J (0, 0)

K (2, 6)   L (9, 8)   M (1, 25)   N (18, 25)   O (23, 14)

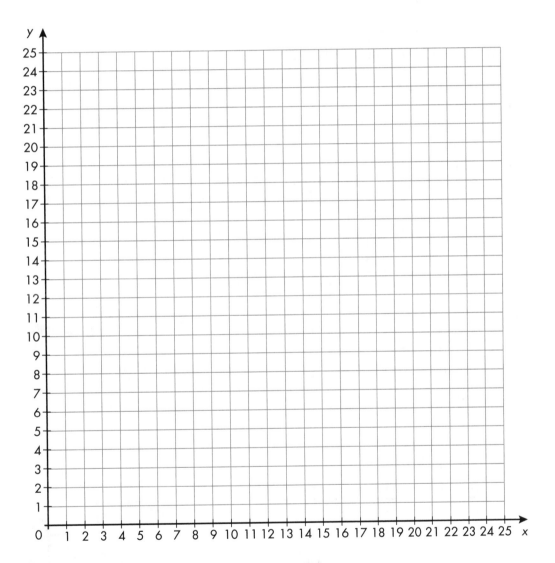

Géométrie

3. Un pirate a caché son trésor. Il a laissé des instructions pour pouvoir le retrouver. Trouve les coordonnées demandées et trace son trajet sur le plan cartésien ci-dessous. Un pas correspond à un carré.

A   Tu pars de l'arbre situé au point A (3, 12).

B   Pour te rendre à l'étang, tu avances de 3 pas vers l'est et tu descends de 9 pas.

                 B _____

C   En avançant de 5 pas vers l'est, tu te retrouves devant le gros rocher.

                 C _____

D   Tu avances encore de 3 pas, puis tu descends de 3. Te voilà sur la plage.

                 D _____

E   Tu avances de 4 pas vers l'est, puis tu montes de 11 pas vers le nord. Tu es presque rendu au trésor !

                 E _____

F   Tu avances de 3 pas vers l'est, puis tu descends de 4 pas. Le trésor est là !

                 F _____

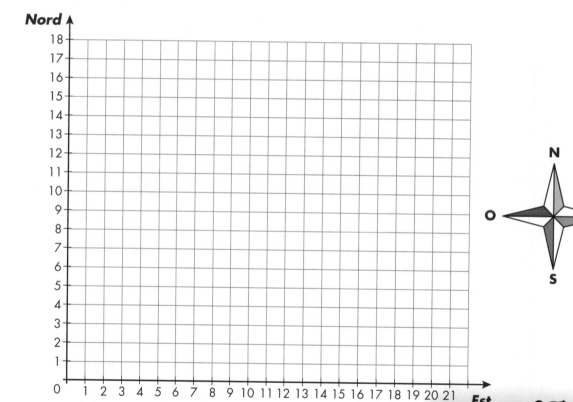

Quelles sont les coordonnées du trésor ? _____

Unité 3.4

Décrire des prismes et des pyramides à l'aide de faces, de sommets et d'arêtes

Exemple

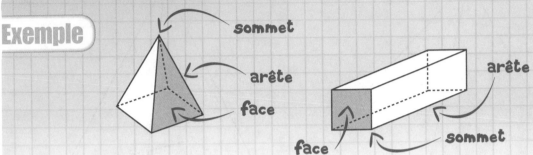

sommet
arête
face
arête
face
sommet

Habiter dans un conteneur ? Pourquoi pas !

Les conteneurs sont de grandes boîtes en métal qui servent au transport des marchandises. On les utilise principalement sur les bateaux. Depuis quelques années, des architectes les récupèrent pour en faire des maisons originales à faible coût. On réutilise des matériaux qu'on aurait probablement jetés : quelle bonne idée !

1. Colorie les arêtes de ces prismes en bleu.

a)

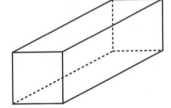

b)

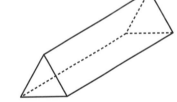

c)

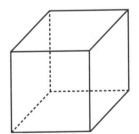

d)

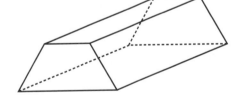

e)

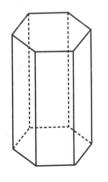

f)

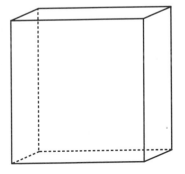

Géométrie

107

Géométrie

2. Colorie les sommets des pyramides en rouge.

a)

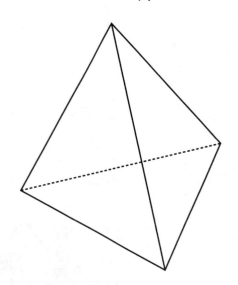

b)

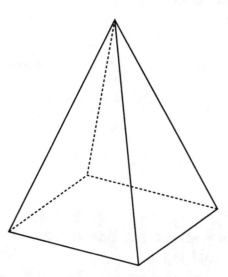

c)

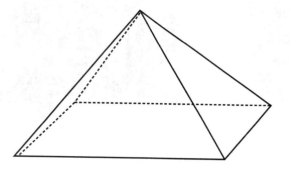

d)

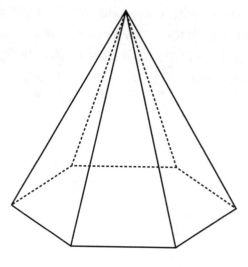

e)

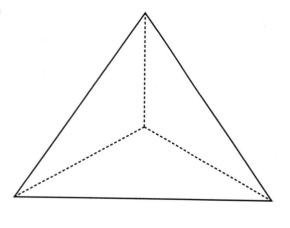

f)

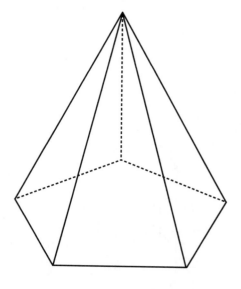

3. Indique le nombre de faces, de sommets et d'arêtes de chaque solide.

Solide	Nombre de faces	Nombre de sommets	Nombre d'arêtes

Géométrie

Unité 3.5

Classifier des prismes

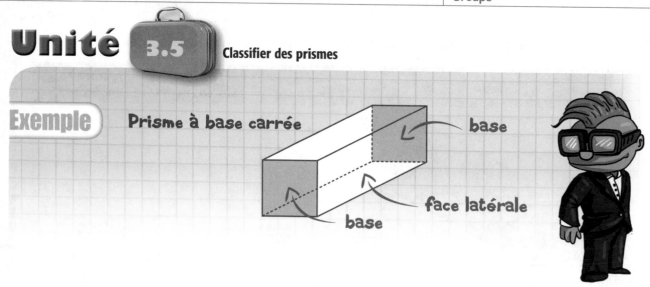

Exemple Prisme à base carrée — base — face latérale — base

1. Anabelle veut classer les blocs de sa petite sœur selon la forme de leurs bases. Place les blocs au bon endroit.

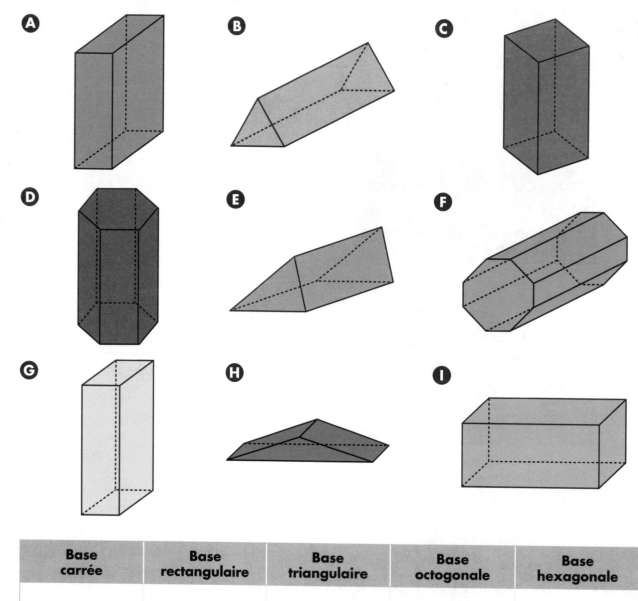

Base carrée	Base rectangulaire	Base triangulaire	Base octogonale	Base hexagonale

2. Complète les descriptions de prismes suivantes.

Prisme à base _____

Prisme à _____ triangulaire

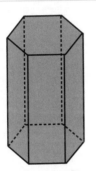

_____ à base hexagonale

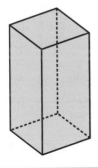

Prisme à _____

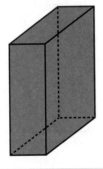

Prisme à base _____

Géométrie

3. Donne le nom de chacun des prismes suivants.

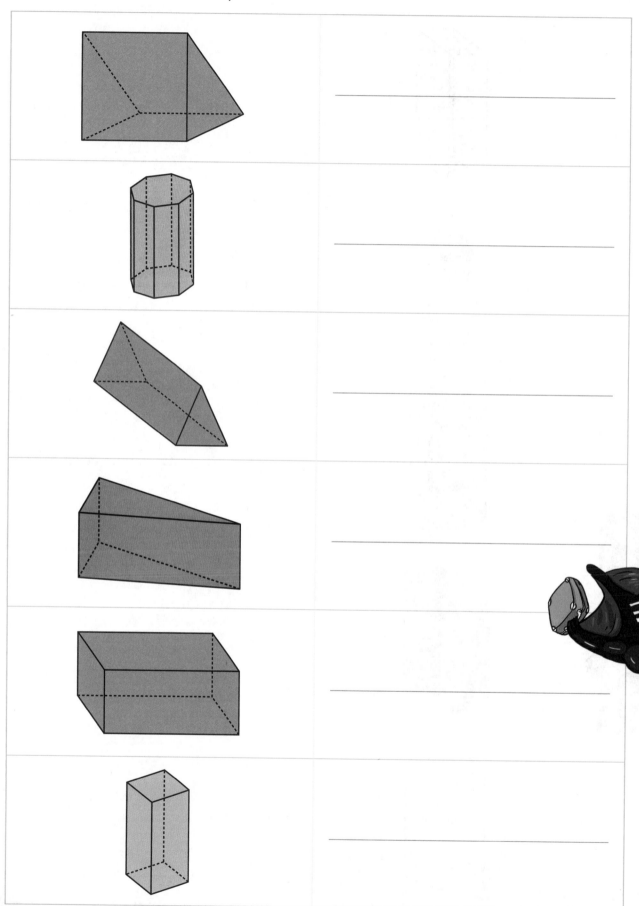

Unité  3.6   Classifier des pyramides

Exemple   Pyramide à base carrée

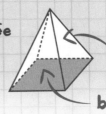

face latérale

base

 1. Classe les pyramides suivantes selon leur base.

A

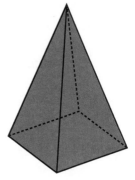

B

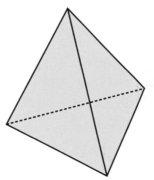

C

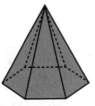

D

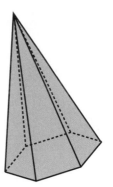

E

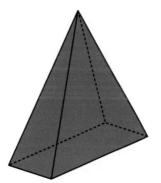

F

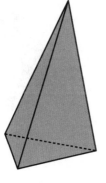

G

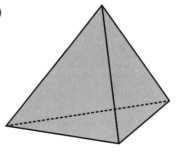

H

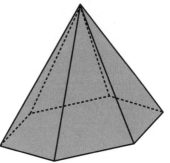

I

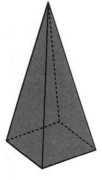

Base carrée	Base rectangulaire	Base triangulaire	Base hexagonale

Géométrie

2. Complète les descriptions des pyramides suivantes.

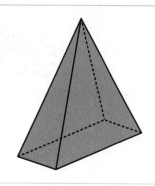

_____ à base rectangulaire

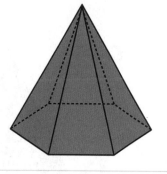

Pyramide à _____ triangulaire

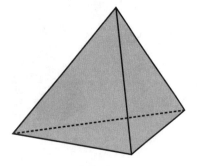

Pyramide à base _____

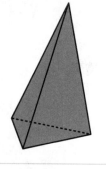

_____ à base _____

Pyramide à _____

3. Donne le nom de chaque pyramide.

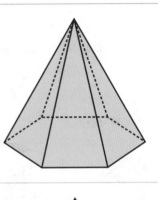

_____

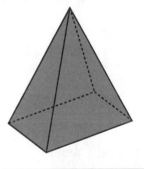

_____

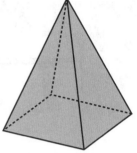

_____

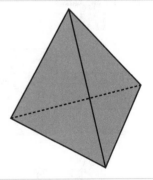

_____

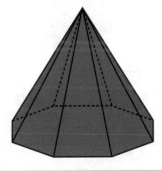

_____

Géométrie

Unité 3.7

Développer un prisme et associer le développement de sa surface au prisme correspondant

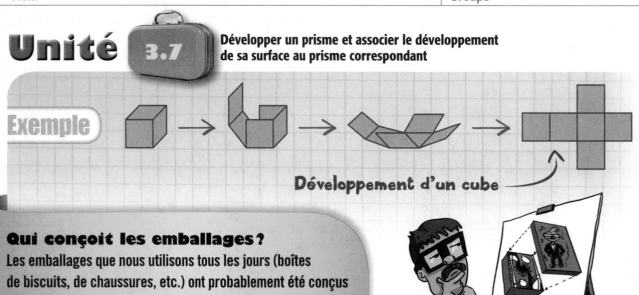

Exemple

Développement d'un cube

Qui conçoit les emballages?

Les emballages que nous utilisons tous les jours (boîtes de biscuits, de chaussures, etc.) ont probablement été conçus par un designer industriel ou un graphiste. Ces personnes étudient l'objet à emballer et imaginent un emballage qui mettra le produit en valeur.

1. Ghislain doit assembler plusieurs boîtes. Relie chaque boîte à son développement.

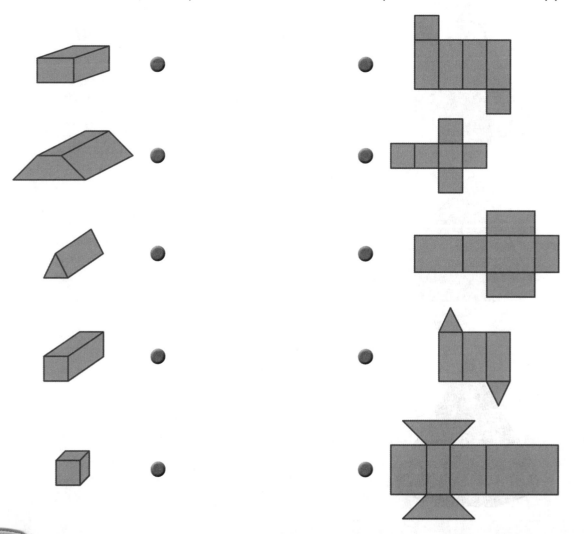

2. Amy a fait une blague à Ghislain. Elle a glissé dans chaque ensemble
d'emballages de boîtes un développement contenant une erreur. Trouve-le
et fais un ✗ dessus.

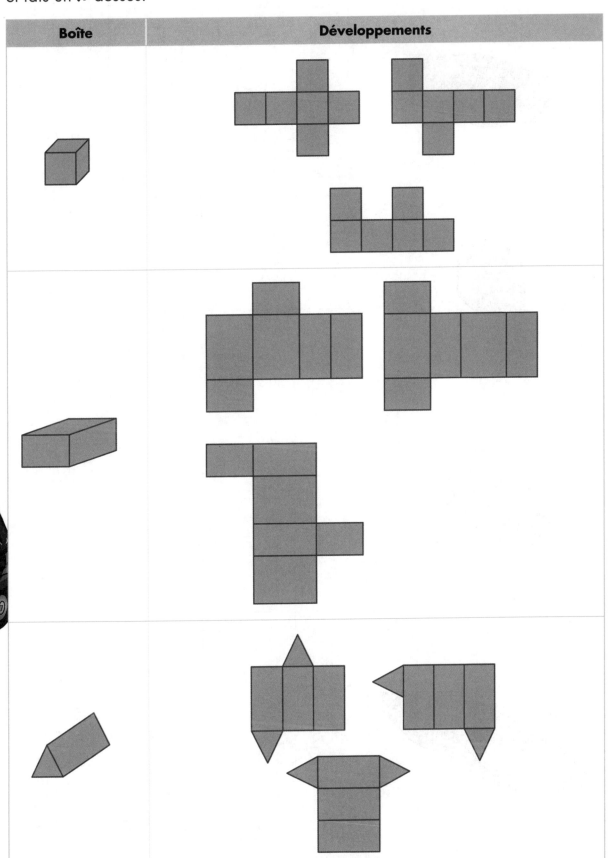

Boîte	Développements

Géométrie

3. Dessine le développement des prismes suivants.

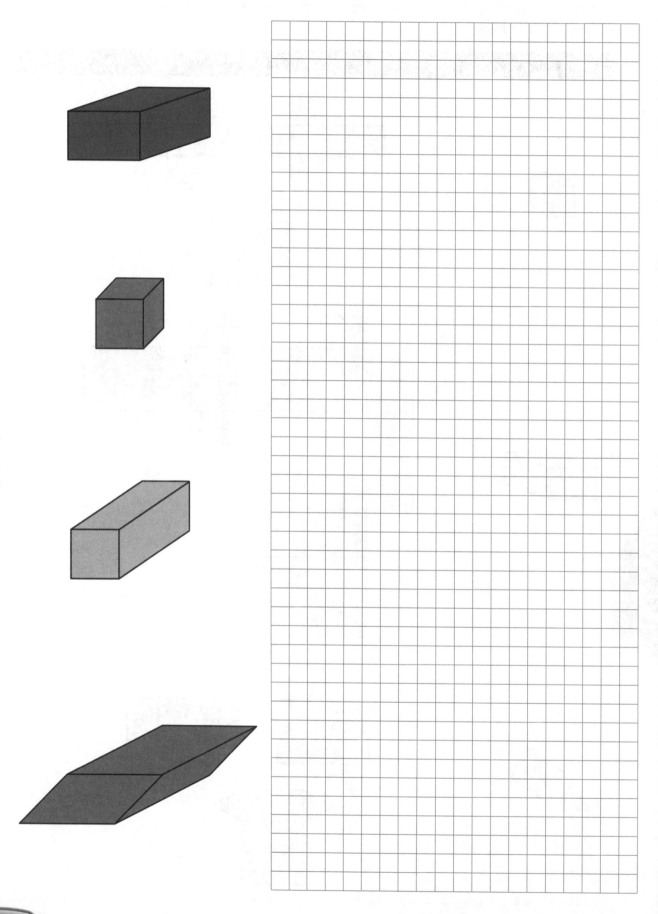

Unité 3.8

Développer une pyramide et associer le développement de sa surface à la pyramide correspondante

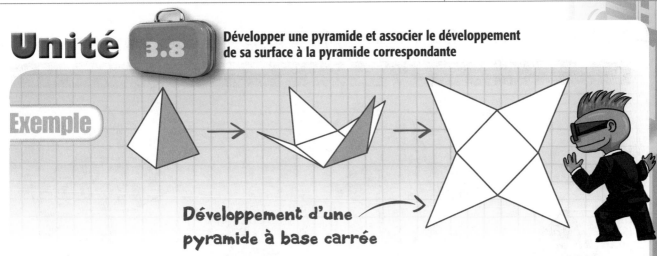

Développement d'une pyramide à base carrée

1. Relie la pyramide à son développement.

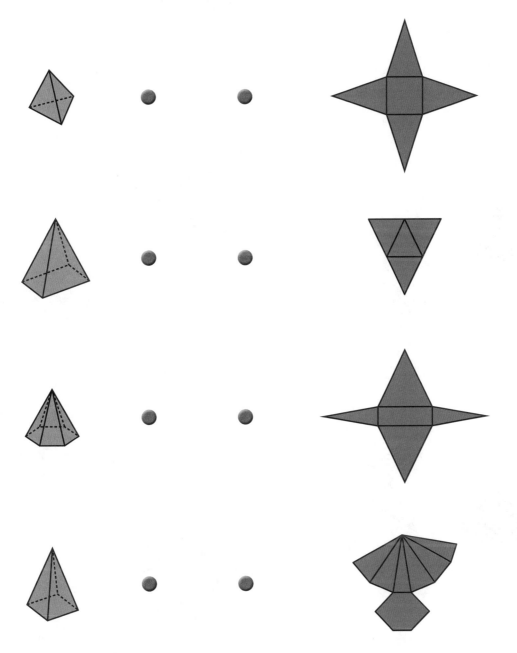

Géométrie

2. Pour chaque pyramide, fais un **✗** sur le développement qui contient une erreur.

Pyramide	Développements

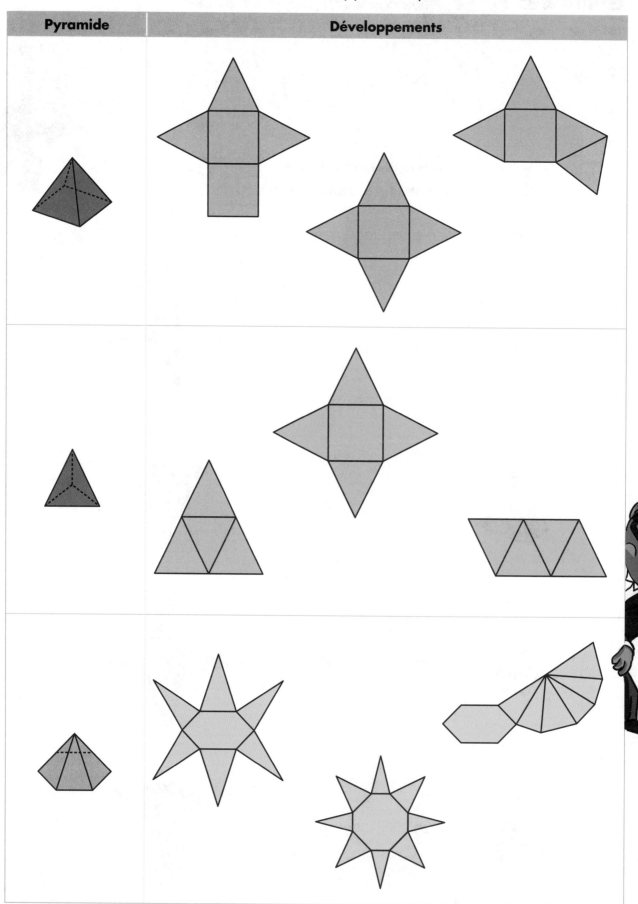

3. Construis le développement de chaque pyramide.

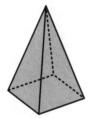

Pyramide à base
carrée

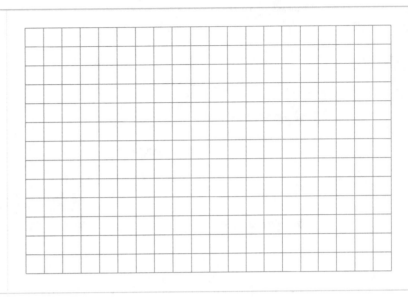

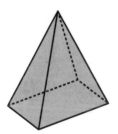

Pyramide à base
rectangulaire

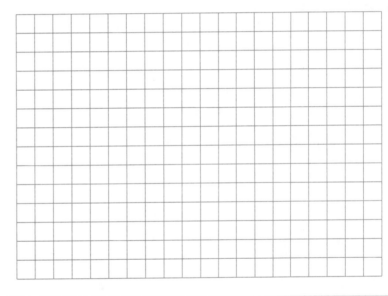

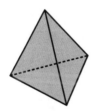

Pyramide à base
triangulaire

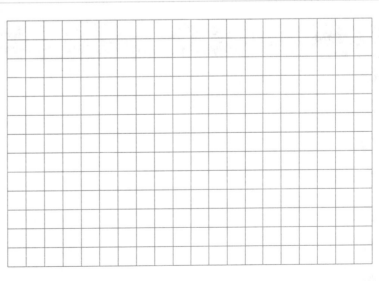

Géométrie

Unité 3.9

Décrire des polygones convexes et non convexes

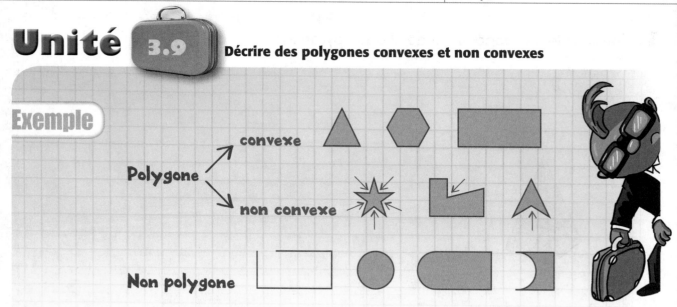

1. Coche toutes les cases indiquant les caractéristiques ou les appellations des figures géométriques suivantes.

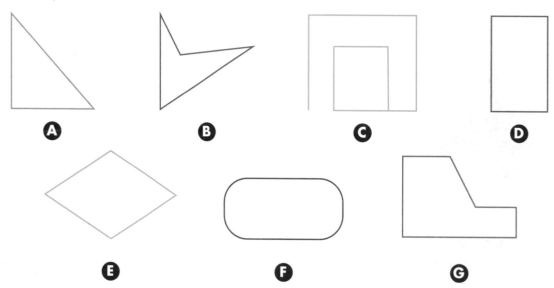

A   B   C   D

E   F   G

	Polygone	Non polygone	Convexe	Non convexe	Quadrilatère	Triangle
A						
B						
C						
D						
E						
F						
G						

2. a) Place les polygones suivants au bon endroit dans le diagramme.

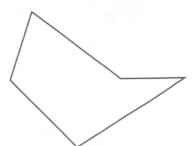

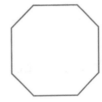

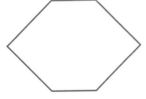

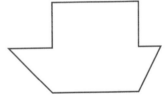

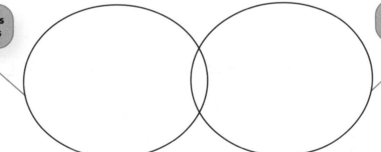

Géométrie

b) Y a-t-il des polygones dans l'intersection ? _____

Pourquoi ? _____

_____

Unité 3.10 Identifier et construire des droites parallèles et des droites perpendiculaires

 Exemple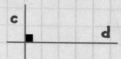

a est parallèle à b.
a // b

c est perpendiculaire à d.
c ⊥ d

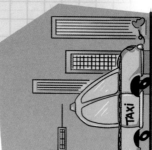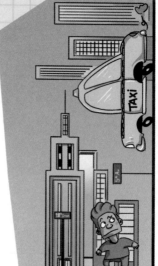

Une ville tracée à la règle et à l'équerre

Les rues de la ville de New York, aux États-Unis, ont la particularité d'être parallèles entre elles. Les avenues, elles, sont parallèles entre elles et sont toujours perpendiculaires aux rues.

1. Identifie les paires de droites parallèles. Par exemple, k // l.

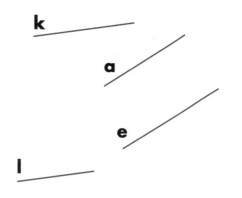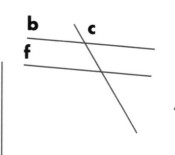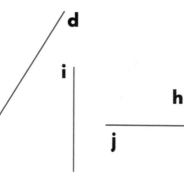

2. Identifie les paires de droites perpendiculaires. Par exemple, f ⊥ j.

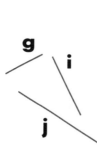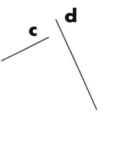

3. Trace une droite parallèle à chacune des droites suivantes.

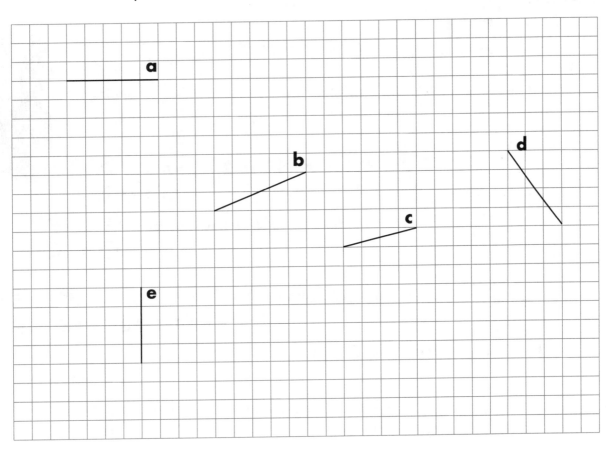

4. Trace une droite perpendiculaire à chacune des droites suivantes.

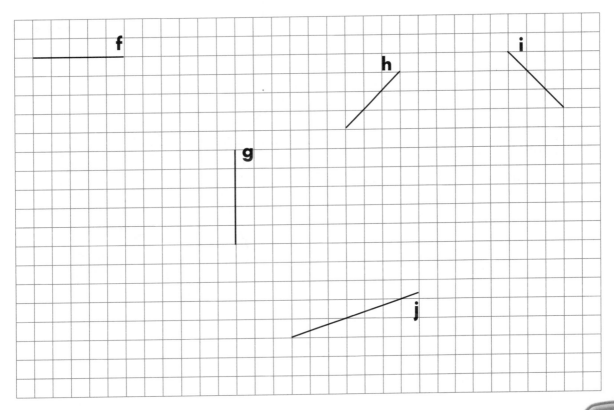

Géométrie

Unité 3.11

Décrire des quadrilatères

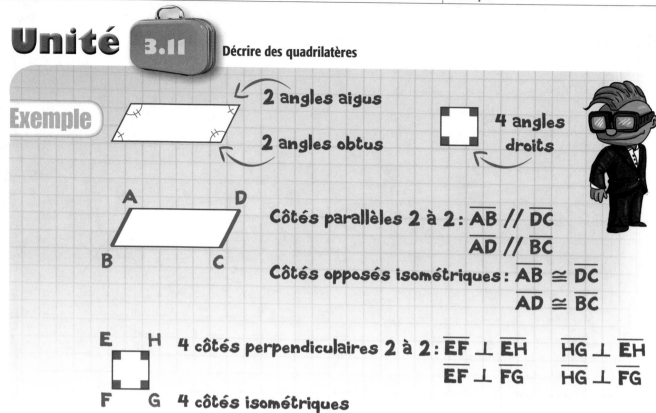

2 angles aigus

2 angles obtus

4 angles droits

Côtés parallèles 2 à 2 : $\overline{AB} \parallel \overline{DC}$

$\overline{AD} \parallel \overline{BC}$

Côtés opposés isométriques : $\overline{AB} \cong \overline{DC}$

$\overline{AD} \cong \overline{BC}$

4 côtés perpendiculaires 2 à 2 : $\overline{EF} \perp \overline{EH}$ $\overline{HG} \perp \overline{EH}$

$\overline{EF} \perp \overline{FG}$ $\overline{HG} \perp \overline{FG}$

4 côtés isométriques

1. Colorie les angles droits des quadrilatères suivants en vert. Ensuite, colorie les angles aigus en rouge. Finalement, colorie les angles obtus en bleu.

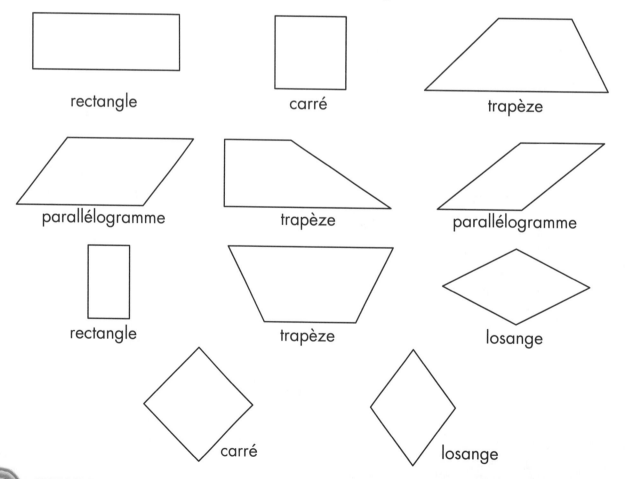

rectangle   carré   trapèze

parallélogramme   trapèze   parallélogramme

rectangle   trapèze   losange

carré   losange

2. Sur les quadrilatères suivants, colorie une paire de côtés parallèles en bleu. S'il y a une deuxième paire de côtés parallèles, colorie-la en rose.

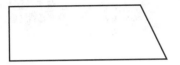

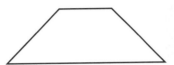
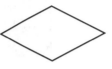

3. Sur les quadrilatères suivants, colorie les côtés isométriques d'une même couleur.

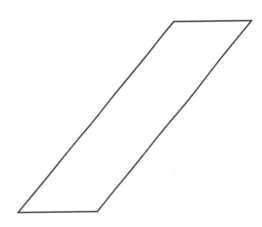
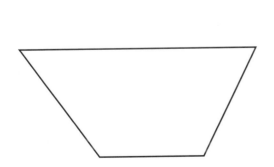
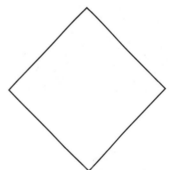

Géométrie

4. Remplis le tableau suivant.

Quadrilatère	Nombre de paires de côtés parallèles	Nombre d'angles droits	Nombre d'angles aigus	Nombre d'angles obtus
Carré	2 paires	4 angles droits	0	0
Rectangle				
Parallélogramme				
Trapèze				
Losange				

Unité 3.12

Observer et produire des régularités à l'aide de figures géométriques

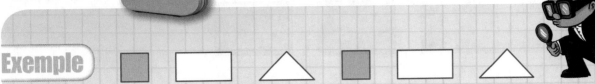

Régularité

1. Encercle la régularité de ces suites de figures géométriques.

a)

b)

c)

d)

e)

f)

g)

Géométrie

2. Complète les suites de figures géométriques suivantes.

a)

b)

c)

d)

e)

f)

g)

Unité 3.13

Observer et produire des frises à l'aide de la réflexion

Exemple

s ← **Axe de réflexion**

Voici une frise produite à l'aide de la réflexion :

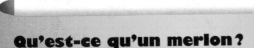

Qu'est-ce qu'un merlon ?

Le merlon est la partie maçonnée dans le haut d'un rempart.
Le créneau est, quant à lui, l'ouverture dans ce rempart.
Le merlon permettait de surveiller les alentours du château
sans être vu, alors que le créneau permettait de se cacher
pour tirer sur un assaillant.

Géométrie

1. Complète les phrases suivantes à l'aide de la banque de mots.

> axe • transformation • symétrique

a) Une réflexion est une _____ géométrique.

b) Une réflexion est l'image _____ d'une figure.
Son symbole est « s ».

c) Une réflexion se construit par rapport à un _____ de réflexion.

2. Trace les axes de réflexion des figures suivantes.

a)   **b)**   **c)**   **d)**

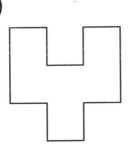 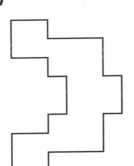 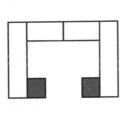 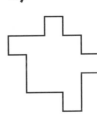

3. Effectue les réflexions suivantes.

a)

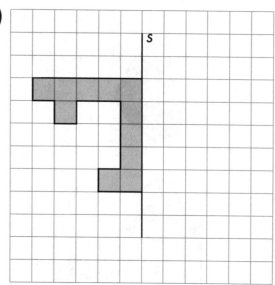

b)

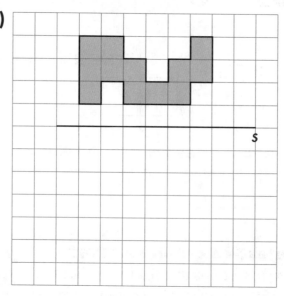

c)

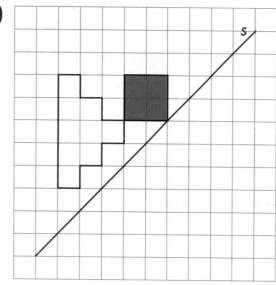

d)

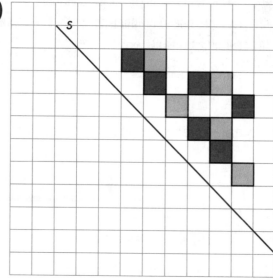

4. Effectue la réflexion d'axe *s* de cette figure. À partir de ce résultat, complète la frise par une suite de réflexions d'axe vertical.

a)

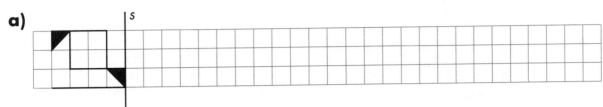

b)

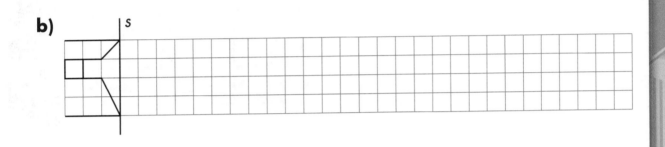

c)

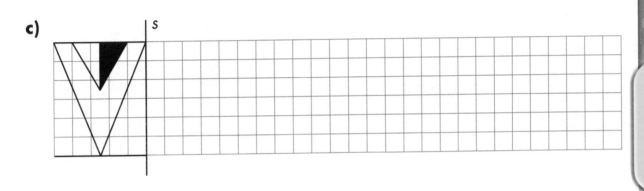

Géométrie

d)

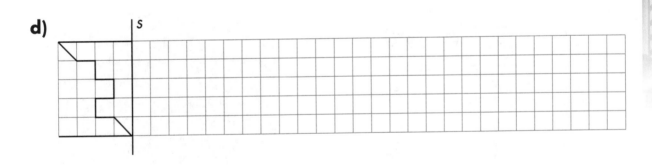

e)

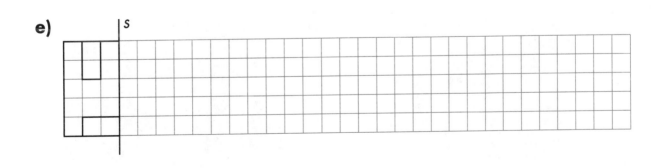

Unité 3.14

Observer et produire des dallages à l'aide de la réflexion

Exemple

Motif répété par une réflexion d'axes s_1 vertical et s_2 horizontal

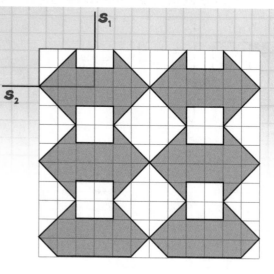

1. Encercle le motif de base (le motif qui se répète) de ces dallages.

a)

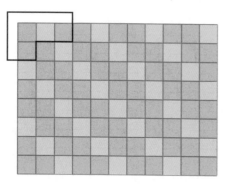

b)

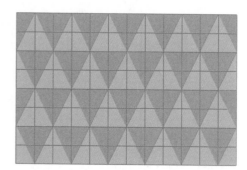

c)

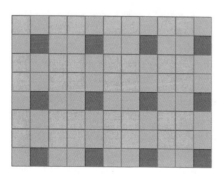

d)

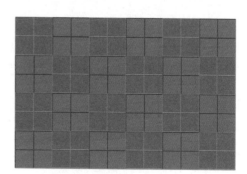

e)

f)

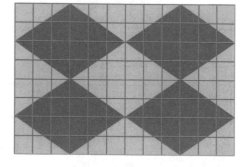

2. Indique quels dallages sont produits à l'aide de la réflexion du motif de base.

a)

b)

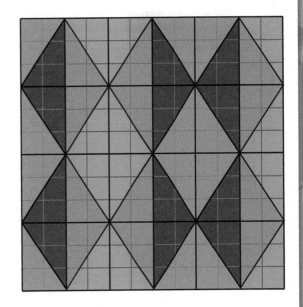

c)

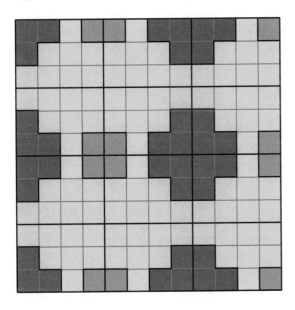

d)

Géométrie

Géométrie

3. Complète les dallages suivants en faisant d'abord des réflexions d'axe horizontal du motif de base et ensuite des réflexions d'axe vertical du même motif.

a)

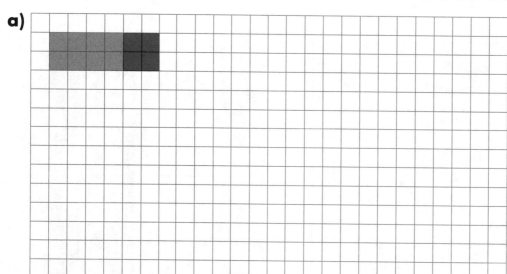

b)

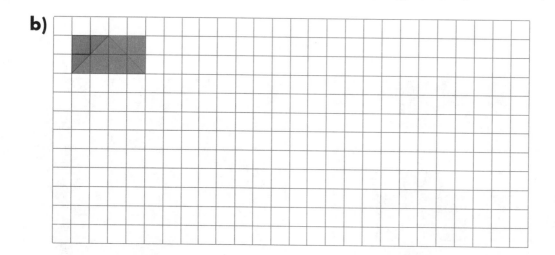

c)

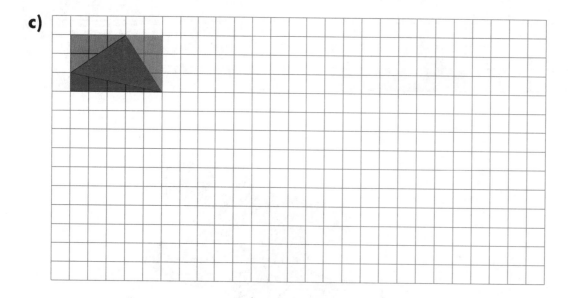

Activités synthèse

1. Place les éléments suivants dans le plan.

 : B4   : A1

 : D5   : E2

 : G3   : H4

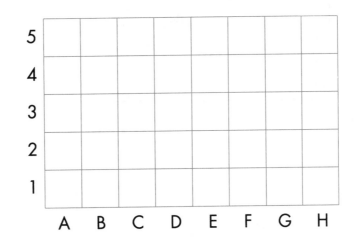

2. Place les nombres suivants sur la droite numérique.

A : 20 557   B : 20 563

C : 20 545   D : 20 555

E : 20 549   F : 20 552

20 542   20 550   20 560

Géométrie

3. Donne les coordonnées des points situés dans le plan cartésien.

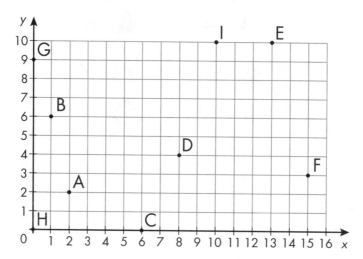

A : _____ B : _____ C : _____

D : _____ E : _____ F : _____

G : _____ H : _____ I : _____

4. Complète le tableau.

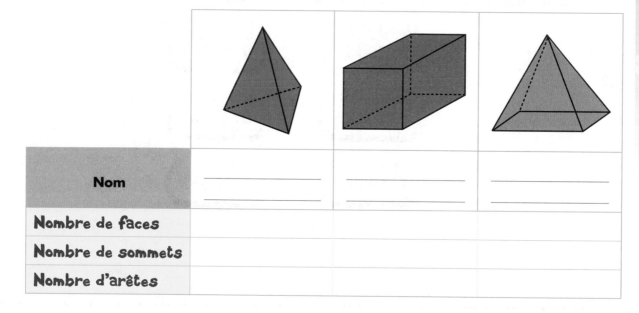

Nom	_____ _____	_____ _____	_____ _____
Nombre de faces			
Nombre de sommets			
Nombre d'arêtes			

5. Dessine le développement de ces solides.

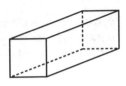

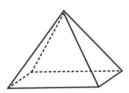

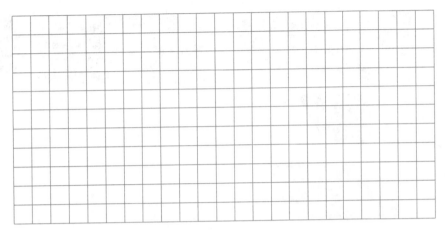

6. Encercle les polygones non convexes.

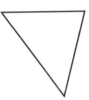  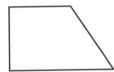

7. Qui suis-je? J'ai 1 paire de côtés parallèles, 2 angles aigus et 2 angles obtus. Encercle le bon quadrilatère.

  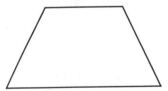

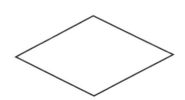 

Géométrie

8. Remplis le tableau suivant.

Quadrilatère	Nom	Nombre de paires de côtés parallèles	Nombre d'angles droits	Nombre d'angles aigus	Nombre d'angles obtus
![quadrilatère]	_____				
![parallélogramme]	_____				
![losange]	_____				
![trapèze]	_____				

9. Complète la frise suivante par une suite de réflexions d'axe vertical du motif de base.

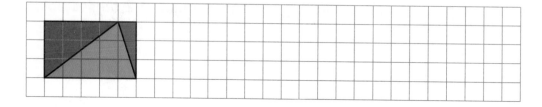

10. Complète le dallage en effectuant d'abord une suite de réflexions d'axe horizontal et ensuite une suite de réflexions d'axe vertical du même motif.

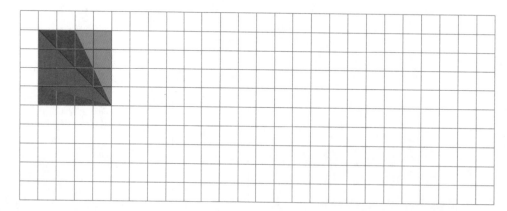

Section 4 Mesure

4.1 Estimer et mesurer les dimensions d'un objet à l'aide d'unités conventionnelles

4.2 Établir des relations entre les unités de mesure de longueur

4.3 Calculer le périmètre de figures planes

4.4 Estimer et mesurer l'aire de surfaces à l'aide d'unités non conventionnelles

4.5 Estimer et mesurer des volumes à l'aide d'unités non conventionnelles

4.6 Comparer les angles

4.7 Estimer et mesurer des capacités et des masses

4.8 Estimer et mesurer le temps

4.9 Estimer et mesurer des températures

Activités synthèse

Unité 4.1

Estimer et mesurer les dimensions d'un objet à l'aide d'unités conventionnelles

Exemple

Estimation et mesure d'une clé USB

Estimation: **7 cm**   Mesure: **7,5 cm**

Immense, Manic 5?

Manic 5 est une centrale hydroélectrique située à 214 km au nord de Baie-Comeau. Sa hauteur est de 214 m et sa largeur est de 1314 m. Elle est alimentée par la rivière Manicouagan.

1. Estime puis mesure la distance (en cm) que parcourt chaque camion pour apporter des matériaux à la centrale électrique.

	Estimation	Vérification
a)	_____ cm	_____ cm
b)	_____ cm	_____ cm
c)	_____ cm	_____ cm
d)	_____ cm	_____ cm

2. Estime (au millimètre près) puis mesure les différents objets en lien avec l'électricité.

a)

b)

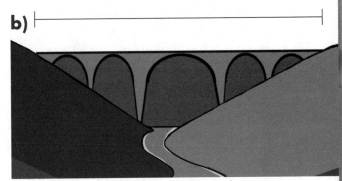

Estimation : _____ mm

Mesure : _____ mm

Estimation : _____ mm

Mesure : _____ mm

d)

c)

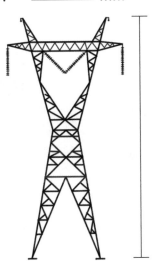

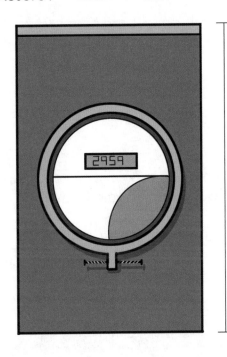

Estimation : _____ mm

Mesure : _____ mm

Estimation : _____ mm

Mesure : _____ mm

Mesure

3. Associe les objets à l'unité de mesure que tu utiliserais pour les mesurer à leur grandeur réelle.

a)   **b)**   **c)**    **d)**   **e)**

●   ●   ●   ●   ●

●   ●   ●   ●

Millimètre   Centimètre   Décimètre   Mètre

4. Samuel et ses parents préparent leur voyage à Tadoussac puis à Manic 5.
Ils prennent une carte routière et mesurent la distance à parcourir.
Voici les mesures que Samuel a notées à l'aide de la carte :

De la maison à Tadoussac	**10 cm**
De Tadoussac à Baie-Comeau	**4 cm**
De Baie-Comeau à Manic 5	**6 cm**

Si chaque mesure de 2 cm représente
1 h de route, combien d'heures de route
auront-ils à faire :

a) entre la maison et Tadoussac ?

_____

b) entre Tadoussac et Baie-Comeau ?

_____

c) entre Baie-Comeau et Manic 5 ?

_____

d) de la maison à Manic 5, en passant
par Tadoussac et Baie-Comeau ?

_____

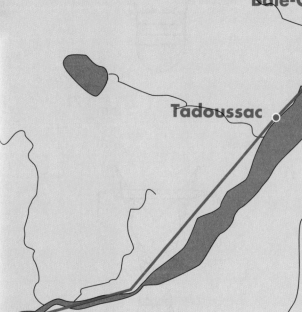

Baie-Come

Tadoussac •

Maison de Samuel •

Comprendre	**Résoudre**

Unité 4.2 Établir des relations entre les unités de mesure de longueur

Exemple 2 m = 20 dm = 200 cm = 2000 mm

Mètres (m)	Décimètres (dm)	Centimètres (cm)	Millimètres (mm)
2	0	0	0

1. Remplis le tableau suivant. Tu peux utiliser le tableau de numération ci-dessous, au besoin.

	Mètres (m)	Décimètres (dm)	Centimètres (cm)	Millimètres (mm)
a)		210		
b)			500	
c)	9			
d)				215 000
e)	13			

2. Complète les énoncés suivants.

a) La hauteur de Manic 5 est de 214 m. Cela équivaut à _____ cm.

b) Le pylône le plus haut du Canada est situé à Sorel-Tracy et mesure 174,4 m. Cela équivaut à _____ dm.

c) La lampe de ma chambre mesure _____ dm. Cela équivaut à 500 mm.

Tableau de numération

Mètres (m)	Décimètres (dm)	Centimètres (cm)	Millimètres (mm)

3. Une électricienne a besoin de fils de différentes longueurs pour son travail. Elle obtient les mesures de son client en mètres, mais elle veut les convertir en centimètres. Aide-la à remplir son tableau de mesures.

	Mesure en mètres	Mesure en centimètres
a)	125 m	
b)	43 m	
c)	16 m	
d)	25 m	
e)	8 m	
f)	1 m	

Mètres	Décimètres	Centimètres	Millimètres

4. Relie les mesures équivalentes.

253 cm ●   ● 0,48 m

480 mm ●   ● 25,3 m

253 dm ●   ● 5,12 m

512 cm ●   ● 2,53 m

487 cm ●   ● 51,2 m

512 dm ●   ● 4,87 m

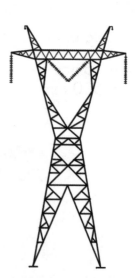

Unité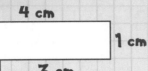

Calculer le périmètre de figures planes

 Exemple

4 cm

1 cm

3 cm

3 cm

2 cm

1 cm

Périmètre = 4 + 1 + 3 + 2 + 1 + 3

Périmètre = 14 cm

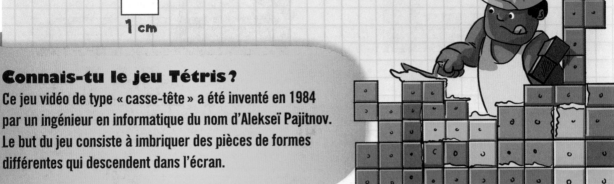

Connais-tu le jeu Tétris?

Ce jeu vidéo de type « casse-tête » a été inventé en 1984 par un ingénieur en informatique du nom d'Alekseï Pajitnov. Le but du jeu consiste à imbriquer des pièces de formes différentes qui descendent dans l'écran.

1. Calcule le périmètre des figures suivantes.

a)

_____ cm

b)

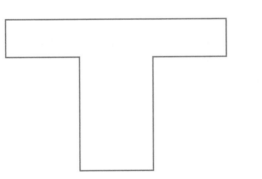

_____ cm

c)

_____ cm

Mesure

2. Alice veut savoir quel jeu a le plus grand périmètre. Calcule les périmètres de chaque jeu pour le découvrir. Utilise ta règle pour trouver les mesures.

a)

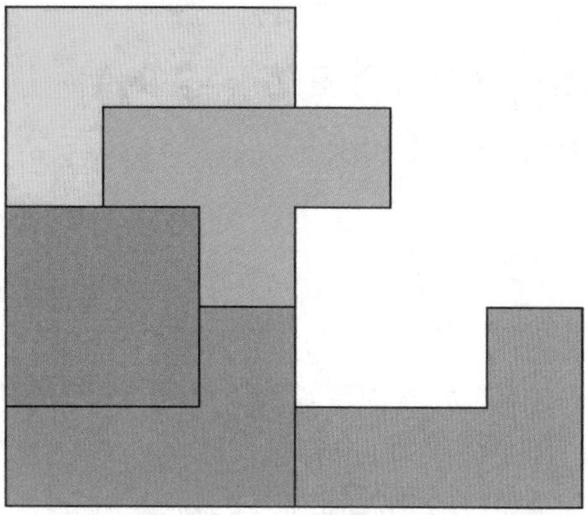

_____ cm

b)

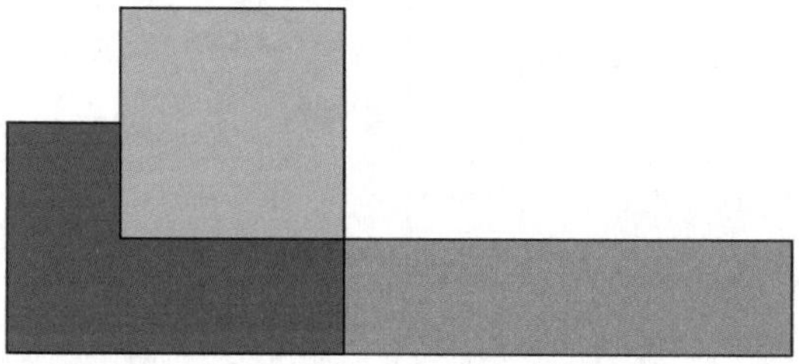

_____ cm

c)

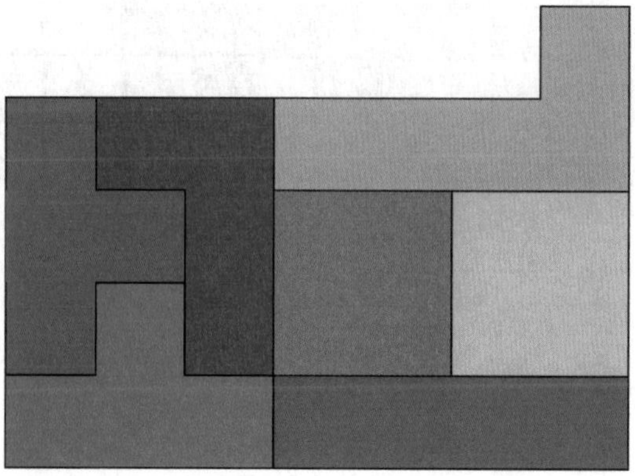

_____ cm

d)

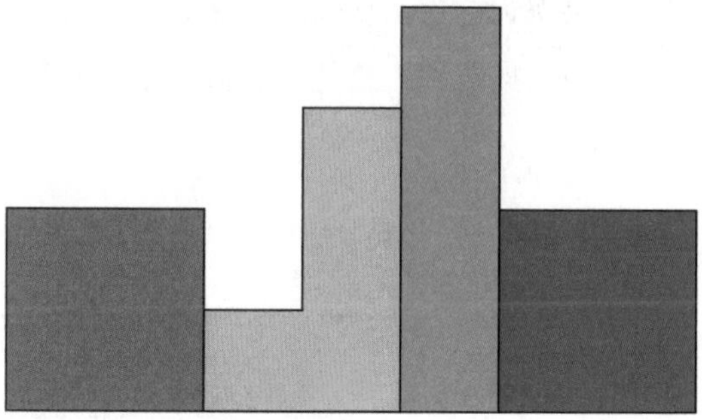

_____ cm

Le jeu ayant le plus grand périmètre : _____

Espace pour tes calculs

3. Calcule le périmètre des compositions suivantes en cm.
Utilise ta règle pour trouver les mesures.

a)

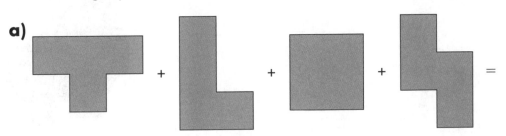

_____ cm

b)

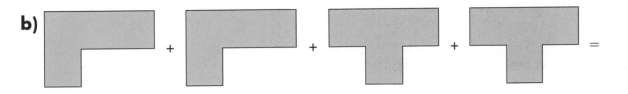

_____ cm

c)

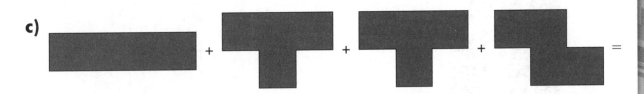

_____ cm

d)

_____ cm

Espace pour tes calculs

Mesure

Unité  4.4

Estimer et mesurer l'aire de surfaces à l'aide d'unités non conventionnelles

Exemple

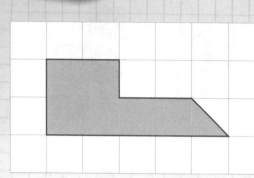

Aire = $6\frac{1}{2}$ carrés-unités

1. Danaé invente un jeu en s'inspirant de Tétris. Estime et calcule l'aire des pièces de son jeu.

a)

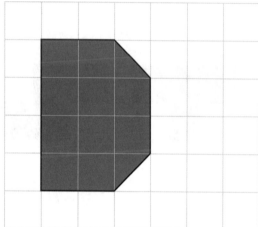

Estimation : _____ carrés-unités

Aire : _____ carrés-unités

b)

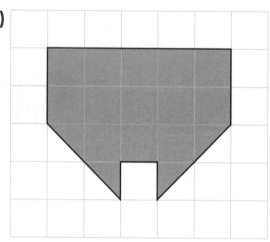

Estimation : _____ carrés-unités

Aire : _____ carrés-unités

c)

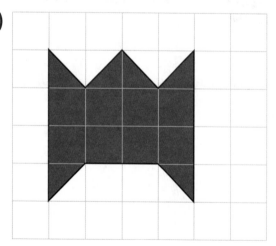

Estimation : _____ carrés-unités

Aire : _____ carrés-unités

d)

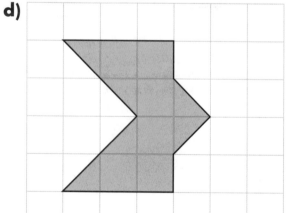

Estimation : _____ carrés-unités

Aire : _____ carrés-unités

2. William fait des dessins avec les pièces du jeu de Danaé. Calcule l'aire de chacun de ces dessins.

a)

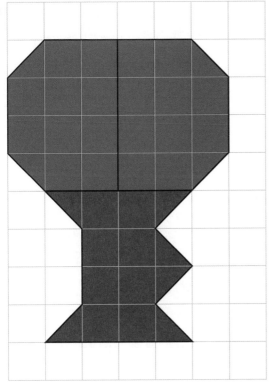

Aire : _____ carrés-unités

b)

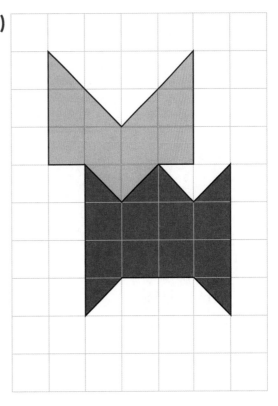

Aire : _____ carrés-unités

c)

Aire : _____ carrés-unités

d)

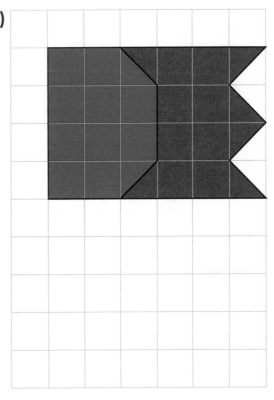

Aire : _____ carrés-unités

Mesure

3. Dessine une figure ayant :

a) 17 carrés-unités

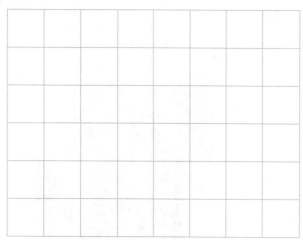

b) 29 carrés-unités

c) 43 carrés-unités

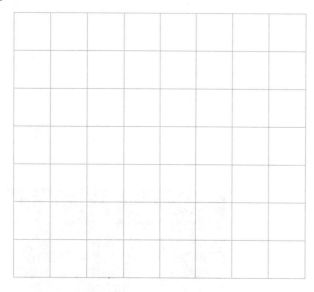

d) 12 carrés-unités

e) 54 carrés-unités

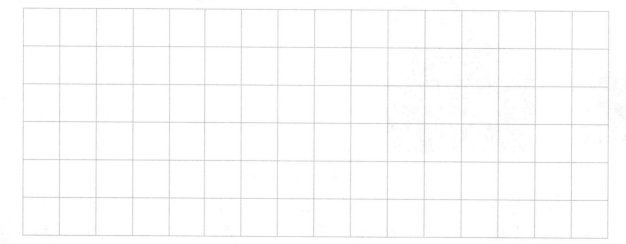

4. Compare l'aire des figures suivantes en utilisant les symboles >, < ou =.

a)

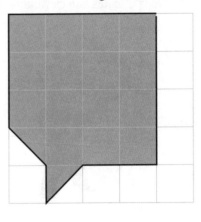 ○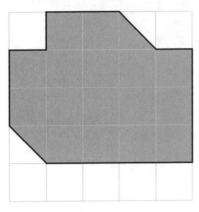

_____ _____

b)

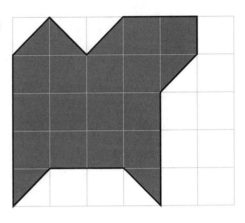 ○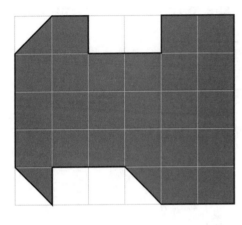

_____ _____

c)

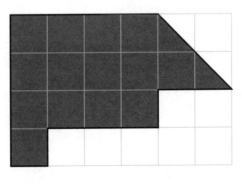 ○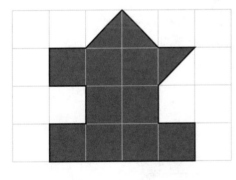

_____ _____

d)

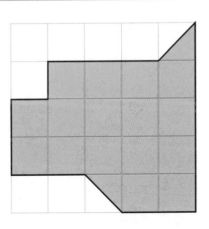 ○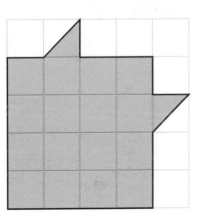

_____ _____

Unité 4.5

Estimer et mesurer des volumes à l'aide d'unités non conventionnelles

Volume = 8 cubes-unités

1. Associe la représentation au bon volume.

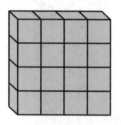

●

● 24 cubes-unités

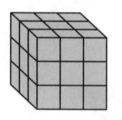

●

● 16 cubes-unités

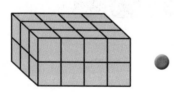

●

● 27 cubes-unités

● 12 cubes-unités

●

2. Estime puis mesure le volume des sculptures suivantes.

a)

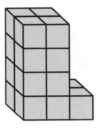

Estimation : _____ cubes-unités

Volume : _____ cubes-unités

b)

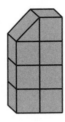

Estimation : _____ cubes-unités

Volume : _____ cubes-unités

c)

Estimation : _____ cubes-unités

Volume : _____ cubes-unités

d)

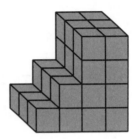

Estimation : _____ cubes-unités

Volume : _____ cubes-unités

e)

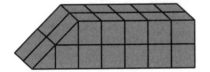

Estimation : _____ cubes-unités

Volume : _____ cubes-unités

f)

Estimation : _____ cubes-unités

Volume : _____ cubes-unités

g)

Estimation : _____ cubes-unités

Volume : _____ cubes-unités

h)

Estimation : _____ cubes-unités

Volume : _____ cubes-unités

Mesure

3. Compare les volumes suivants en utilisant les symboles $<$, $>$ ou $=$.

a)

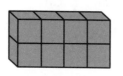

b)

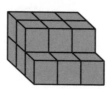 

c)

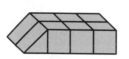 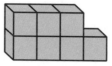

d)

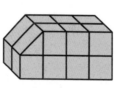 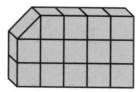

e)

f)

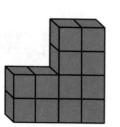 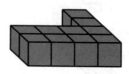

Unité  4.6   **Comparer les angles**

Exemple

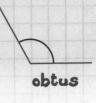

aigu   droit   obtus

Qu'est-ce qu'un cadran solaire?

C'est un instrument de mesure qui indique le temps. Il est constitué d'une table graduée (en heures) et d'un gnomon (aiguille du cadran). Lorsque le soleil frappe le gnomon, celui-ci crée une ombre sur la table. Cette ombre pointe vers une graduation, donc une heure précise.

1. a) Colorie les angles aigus en rouge et les angles obtus en bleu.

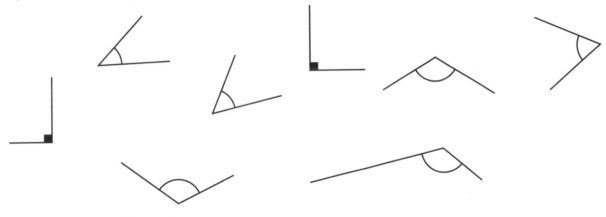

b) Quel est le nom des angles qui ne sont pas coloriés? _____

2. Dans le mot suivant, colorie les angles selon la légende.

Angle droit :   Angle aigu :   Angle obtus :

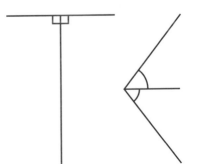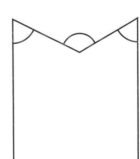

Mesure

3. Ajoute une aiguille aux horloges suivantes pour représenter :

a) un angle droit

 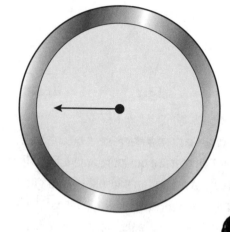

b) un angle obtus

 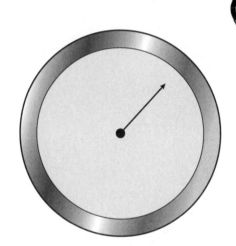

c) un angle aigu

Unité   4.7   **Estimer et mesurer des capacités et des masses**

Capacité:

1 litre = 1000 ml →
   (1 L = 1000 ml)

lait

Masse:

1 kilogramme = 1000 g →
     (1 kg = 1000 g)

1 Kg

sucre

1. Un berlingot de lait contient 150 ml. Estime puis calcule la quantité de berlingots dont tu as besoin pour remplir un contenant de 1 litre.

Comprendre	Résoudre

Réponse complète : Estimation : _____

_____

2. Indique quelle unité de mesure (millilitre ou litre) convient le mieux aux objets suivants.

a)   Un verre de lait

_____

b)    Une piscine

_____

c) Une baignoire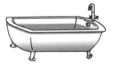

_____

d) Un compte-gouttes

_____

e)   Une laveuse

_____

f)    Un lavabo

_____

3. Daphné veut remplir une marmite d'eau pour faire cuire des pâtes. Pour remplir la marmite, elle utilise une tasse de 500 ml. Combien de tasses devra-t-elle verser pour remplir cette marmite, qui a une capacité de 18 L ?

Comprendre	Résoudre

Réponse complète : _____

4. Sébastien est déménageur. Aujourd'hui, il doit livrer 4 horloges grand-père. La charge maximale que son camion peut supporter est de 398 kg.

> **Le poids des 4 horloges :**
>
> 1re : 84 kg   3e : 85 kg
> 2e : 90 kg   4e : 87 kg

a) Pourra-t-il faire un seul voyage ?

b) Pourrait-il ajouter une 5e horloge pesant 75 kg ?

c) Sinon, combien de kg y a-t-il de trop ?

Comprendre	Résoudre

Réponse complète : _____

Unité 4.8   Estimer et mesurer le temps

Exemple   Sur ces cadrans, il est **11 h 25**.

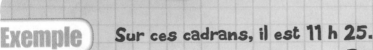

Dans 1 journée, il y a **24 heures**.
Dans 1 heure, il y a **60 minutes**.
Dans 1 minute, il y a **60 secondes**.

1. Quelle heure est-il sur les horloges suivantes ?

a)

b)

_____

Exemple : 5 h 10 ou 17 h 10

c)

d)

_____   _____

2. Combien de minutes y a-t-il dans 3 h 20 ? _____ minutes

Espace pour tes calculs

Mesure

3. Ajoute les aiguilles des minutes et des heures dans chacune des horloges.

a) 1 h 15

b) 3 h 20

c) 4 h 50

d) 6 h 30

4. À quelle heure se lèvera Maël s'il se couche à 20 h et dort pendant 11 heures ?

Espace pour tes calculs

Réponse complète : _____

Unité 4.9

Estimer et mesurer des températures

Exemple

La température peut être :
positive (supérieure à 0 °C) ou
négative (inférieure à 0 °C).

Ce thermomètre indique une température
de **14 °C**.
À **100 °C**, l'eau boue.
À **0 °C**, l'eau gèle.

1. Relie les activités à la température correspondante.

a)

b)

c)

−20 °C   8 °C   20 °C

2. Colorie les températures suivantes sur les thermomètres.

a) 12 °C   **b)** −9 °C   **c)** 16 °C   **d)** −28 °C

Activités synthèse

1. Mesure la longueur des trajets suivants.

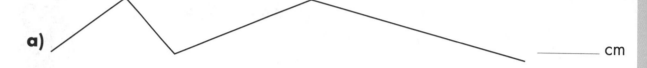

a) _____ cm

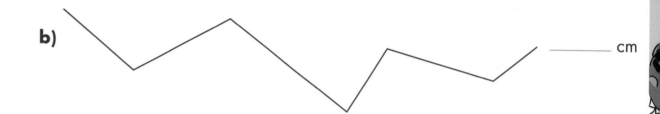

b) _____ cm

2. Remplis le tableau suivant.

	Mètres (m)	Décimètres (dm)	Centimètres (cm)	Millimètres (mm)
a)		40,8		
b)			761	

3. Calcule l'aire et le périmètre des figures suivantes.

a)

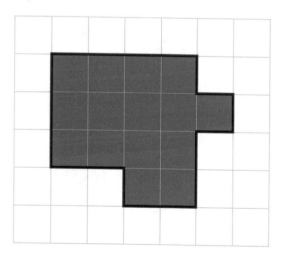

b)

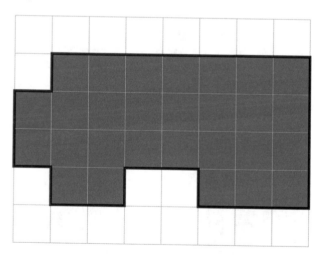

Aire : _____ carrés-unités

Périmètre : _____ cm

Aire : _____ carrés-unités

Périmètre : _____ cm

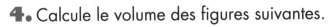

4. Calcule le volume des figures suivantes.

a)

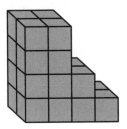

Volume : _____ cubes-unités

b)

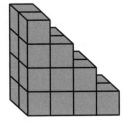

Volume : _____ cubes-unités

5. Indique le nom des angles suivants.

_____ _____ _____

6. Quelle heure est-il sur les horloges suivantes ?

a)

b)

_____ _____

7. Ajoute les aiguilles des minutes et des heures dans chacune des horloges.

a) 12 h 15

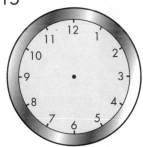

b) 7 h 30

Mesure

8. Stéphanie a 2 poulins. Elle doit les transporter à l'aide d'une remorque pour une exposition. Les 2 poulins pèsent 312 kg et 279 kg et la remorque de Stéphanie supporte une charge maximale de 680 kg. Peut-elle transporter ses poulins dans sa remorque ? Si oui, combien de kilogrammes d'équipement peut-elle ajouter pour atteindre la charge maximale de sa remorque ?

Comprendre	Résoudre

Réponse complète : _____

_____

9. Quelle est la température indiquée sur le thermomètre ?

a)    **b)**    **c)**    **d)**

Section 5 — Statistique

5.1 Formuler des questions d'enquête

5.2 Collecter, décrire et organiser des données

5.3 Interpréter des données à l'aide d'un tableau ou d'un diagramme

5.4 Représenter des données à l'aide d'un tableau ou d'un diagramme

Activités synthèse

Unité  5.1 Formuler des questions d'enquête

Exemple À la question « Quel mois préfères-tu ? », il y a 12 réponses possibles, soit les 12 mois de l'année.

Qu'est-ce qu'un pitaya ?

Le pitaya, mieux connu sous le nom de « fruit du dragon », est un fruit provenant d'un type de cactus. Ce fruit mesure une dizaine de centimètres et a un goût très doux. Sa peau est rose et sa chair est blanche ou rouge. Il contient des pépins noirs.

1. Écris la question qui aurait pu être posée au groupe interrogé pour chacun des diagrammes ci-dessous.

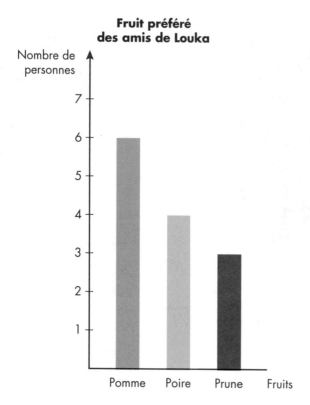

Fruit préféré
des amis de Louka

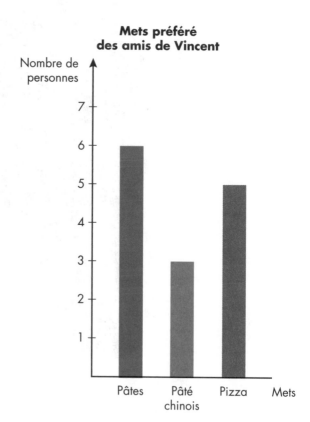

Mets préféré
des amis de Vincent

Question posée : _____

Question posée : _____

_____

_____

Unité 5.2

Collecter, décrire et organiser des données

Exemple

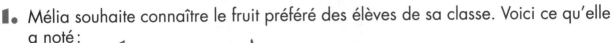

Saison préférée des 21 élèves de ma classe			
Hiver	Printemps	Été	Automne
XXXX	X	XXXXX XXXX	XXXXX XX
4	1	9	7

1. Mélia souhaite connaître le fruit préféré des élèves de sa classe. Voici ce qu'elle a noté :

a) Remplis le tableau de données de Mélia.

Fruits préférés des élèves de la classe de Mélia			
Pomme		Poire	
XXXXX XX			XXXXX X
4	5	3	6

b) Quel fruit est le plus populaire ? _____

c) Quel fruit est le moins populaire ? _____

d) Quelle différence d'appréciation, en nombre d'élèves, y a-t-il entre la cerise et la pomme ? _____

e) Place les fruits par ordre de préférence, du plus populaire au moins populaire.

_____

Statistique

2. À l'aide du diagramme, remplis le tableau de données.

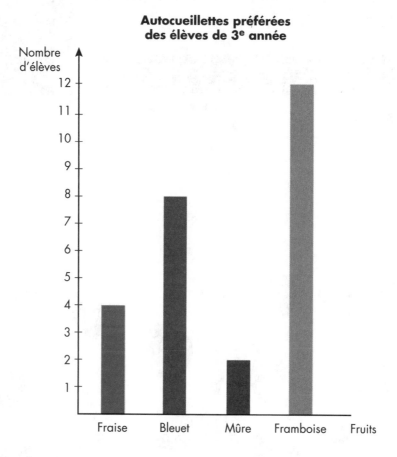

**Autocueillettes préférées
des élèves de 3ᵉ année**

Autocueillettes préférées des élèves de 3ᵉ année

a) Quelle est l'autocueillette préférée des élèves de 3ᵉ année? _____

b) Combien de personnes ont répondu à l'enquête? _____

c) Quelle est la différence d'appréciation, en nombre d'élèves,
entre l'autocueillette des bleuets et celle des framboises? _____

d) Combien de votes manque-t-il à l'autocueillette des mûres
pour être égale à celle des framboises? _____

e) Quelle question aurait pu être posée aux personnes interrogées?

_____

_____

Unité  5.3   Interpréter des données à l'aide d'un tableau ou d'un diagramme

Exemple

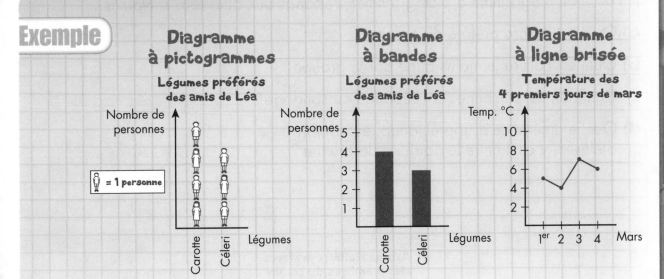

Diagramme à pictogrammes

Légumes préférés des amis de Léa

Nombre de personnes

☺ = 1 personne

Carotte   Céleri   Légumes

Diagramme à bandes

Légumes préférés des amis de Léa

Nombre de personnes

5
4
3
2
1

Carotte   Céleri   Légumes

Diagramme à ligne brisée

Température des 4 premiers jours de mars

Temp. °C

10
8
6
4
2

1er   2   3   4   Mars

Qu'est-ce qu'un kumquat?

C'est un agrume de couleur jaune-orange. Ce fruit vient de Chine, mais on en cultive aussi en Asie, en Afrique, en Amérique et dans le sud de la France. Avec sa taille de 2 à 5 cm, il est le plus petit de tous les agrumes.

1. À l'aide du diagramme à bandes ci-dessous, réponds aux questions suivantes.

a) Selon toi, quelle question a été posée aux personnes interrogées?

_____

_____

b) Quel est l'agrume préféré du groupe?

_____

c) Quel est l'agrume le moins aimé par le groupe?

_____

d) Combien de personnes ont répondu au sondage?

_____

Agrumes préférés des amis de Raphaël

Nombre de personnes

5
4
3
2
1

Citron   Lime   Clémentine   Pamplemousse   Agrumes

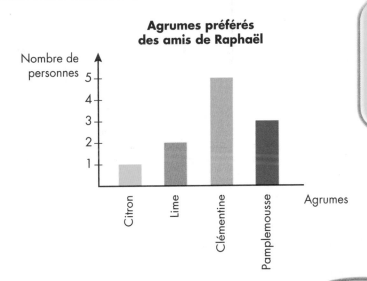

Statistique

2. Le comité des élèves souhaite planter des arbres fruitiers dans la cour de l'école. Il fait un sondage auprès de ses membres pour connaître leur arbre préféré.

À l'aide du diagramme à pictogrammes, réponds aux questions suivantes.

a) Quel est l'arbre préféré du groupe ? _____

b) Quel est l'arbre le moins aimé par le groupe ? _____

c) Combien de personnes ont répondu au sondage ? _____

d) Quelle différence d'appréciation, en nombre d'élèves, y a-t-il entre le poirier et le prunier ? _____

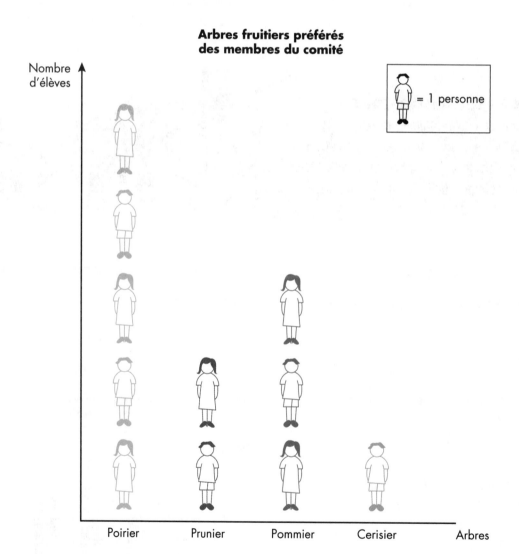

Arbres fruitiers préférés
des membres du comité

3. À l'aide du diagramme à ligne brisée ci-dessous, réponds aux questions suivantes.

a) Quelle est la température la plus froide ? _____

b) Quelle est la température la plus chaude ? _____

c) Quelle est la différence de température entre le 1er et le 3 avril ? _____

d) Combien de jours ont été observés dans ce diagramme ? _____

e) Quel est l'écart entre la température la plus chaude et la température la plus froide ? _____

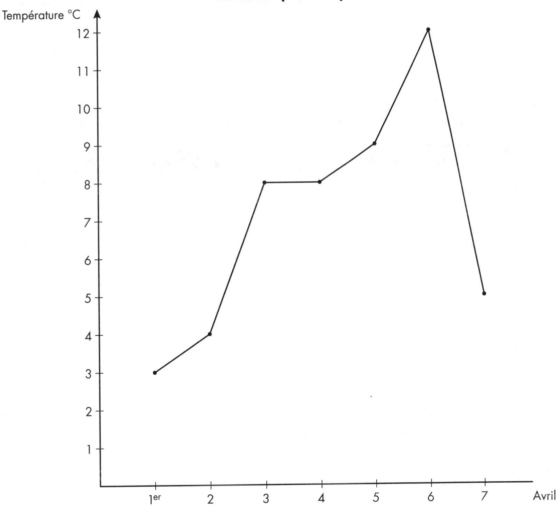

Température maximale enregistrée durant les premiers jours d'avril

Statistique

Unité 5.4

Représenter des données à l'aide d'un tableau ou d'un diagramme

Exemple

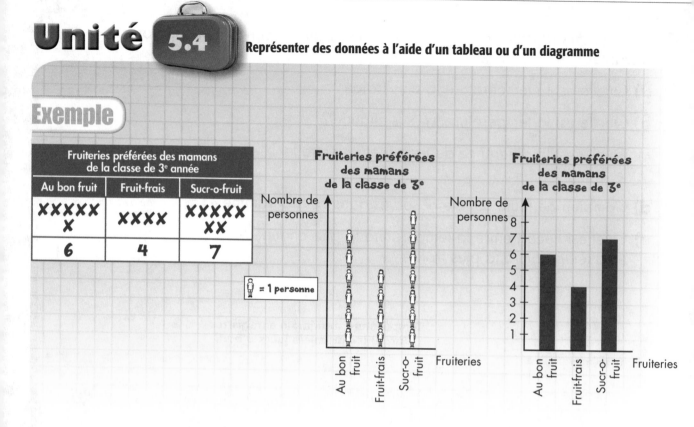

Fruiteries préférées des mamans de la classe de 3e année		
Au bon fruit	Fruit-frais	Sucr-o-fruit
XXXXX X	XXXX	XXXXX XX
6	4	7

🧍 = 1 personne

1. Odile fait un sondage pour savoir quels fruits exotiques préfèrent les élèves de sa classe. En te servant du tableau de données, fais un diagramme à bandes.

Fruits exotiques que préfèrent les élèves de 3e année			
Pitaya	**Kiwi**	**Kaki**	**Figue**
XXXX	XXXXX XXXXX	XXXXX XX	XXXXX XXXX
4	10	7	9

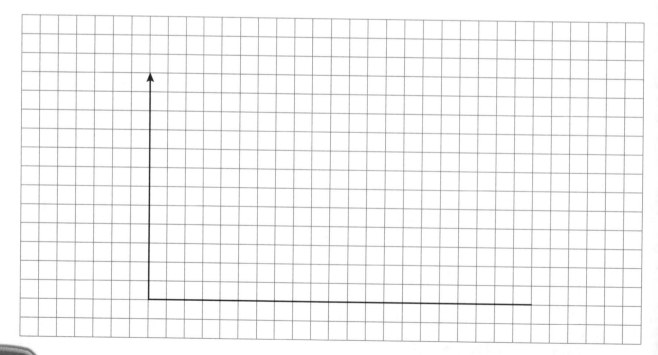

2. Udo fêtera son anniversaire la semaine prochaine. Il souhaite manger un dessert fruité. Il demande donc à ses amis celui qu'ils préfèrent. Représente, à l'aide d'un diagramme à pictogrammes, le résultat de son sondage.

Desserts fruités préférés des amis d'Udo			
Tarte aux fruits	Gâteau aux fruits	Sorbet à l'orange	Salade de fruits
XXXX	XXXX XXXX	XXXXX X	XXX
4	8	6	3

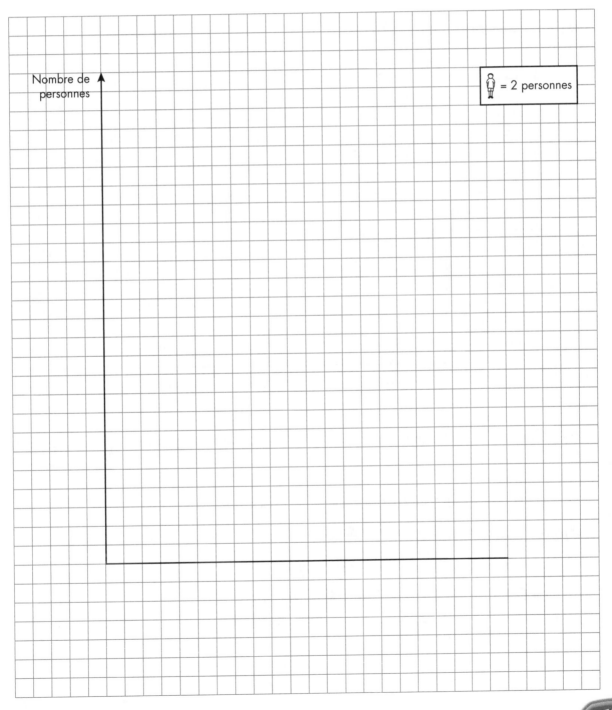

Activités synthèse

1. À l'aide du tableau de collecte de données, réponds aux questions suivantes.

Légumes préférés des élèves de 3e année				
Asperge	Céleri	Carotte	Brocoli	Poireau
XXXXX X	XXXX XXXX	XXXXX XXXXX X	XXXX	XXX
6	8	11	4	3

a) Fais un diagramme à bandes.

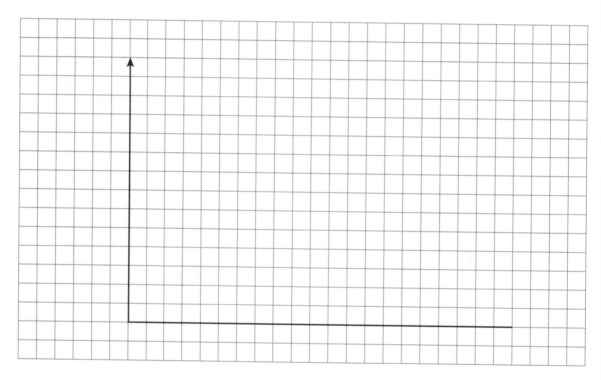

b) Selon toi, quelle pourrait être la question posée au groupe?

_____

c) Combien de personnes ont répondu au sondage? _____

d) Quel légume est le plus aimé du groupe? _____

e) Quel légume est le moins aimé du groupe? _____

f) Quelle est la différence d'appréciation, en nombre d'élèves, entre le céleri et l'asperge? _____

2. Représente les températures à l'aide d'un diagramme à ligne brisée.

Température maximale enregistrée du dimanche 5 mai au samedi 11 mai						
Dimanche	Lundi	Mardi	Mercredi	Jeudi	Vendredi	Samedi
7 °C	11 °C	4 °C	6 °C	3 °C	2 °C	5 °C

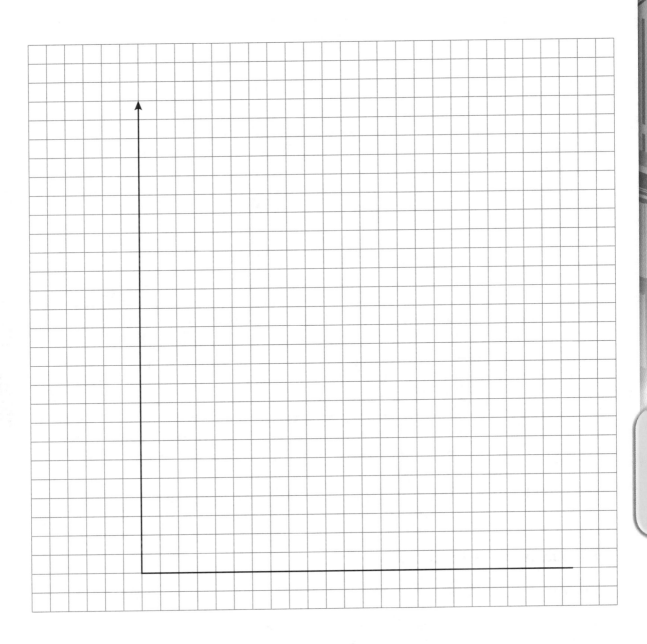

Statistique

3. À l'aide du diagramme à pictogrammes, réponds aux questions suivantes.

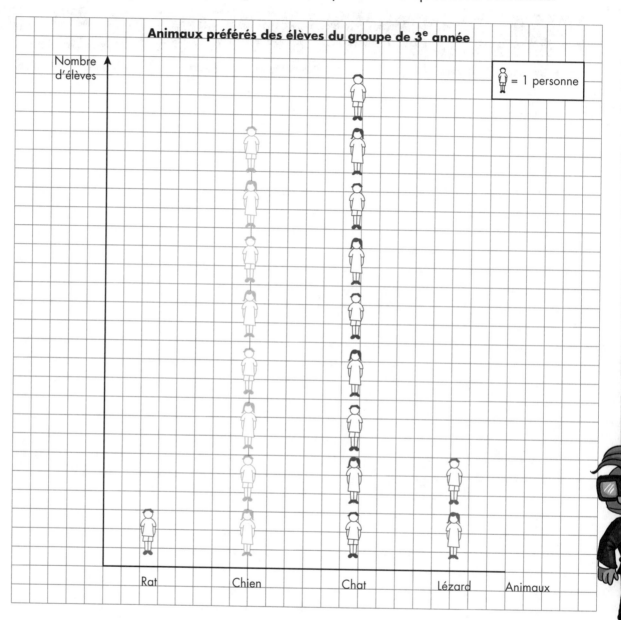

Animaux préférés des élèves du groupe de 3ᵉ année

Nombre d'élèves

👤 = 1 personne

Rat   Chien   Chat   Lézard   Animaux

a) Selon toi, quelle pourrait être la question posée au groupe ?

_____

b) Quel animal est le plus aimé ? _____

c) Quel animal est le moins aimé ? _____

d) Quelle différence d'appréciation, en nombre
d'élèves, y a-t-il entre le chien et le lézard ? _____

e) Combien de personnes ont répondu au sondage ? _____

Section 6 Probabilité

6.1 Reconnaître la variabilité des résultats possibles

6.2 Reconnaître l'équiprobabilité

6.3 Prédire un résultat ou plusieurs événements en utilisant une droite des probabilités

6.4 Dénombrer les résultats possibles d'une expérience aléatoire

6.5 Distinguer la prédiction du résultat obtenu

Activités synthèse

Unité 6.1

Reconnaître la variabilité des résultats possibles

Exemple

Le sac ci-contre contient des piments de différentes couleurs. Si je fais des piges dans le sac, il est certain que je tire un piment. Il est possible que je tire deux piments verts. Il est impossible que je tire deux piments rouges.

Le piment, un légume redoutable?

Certaines variétés de piments sauvages ont comme propriété d'augmenter leur niveau de piquant pour mieux se protéger des prédateurs (insectes, champignons) qui sont présents dans leur environnement.

1. Les événements suivants sont-ils impossibles, possibles ou certains? Trace un **X** dans la case appropriée.

		Certain	Possible	Impossible
a)	Dans un jeu de cartes complet, tirer une carte rouge.			
b)	Lancer un dé et obtenir un chiffre inférieur à 7.			
c)	Faire une promenade de 2 heures en automobile et voir une automobile rouge.			
d)	Faire un voyage de 2 jours en automobile et voir voler une automobile jaune.			

2. Florence et Marianne veulent offrir un cadeau à leur mère pour son anniversaire. Elles achètent un gros sac de savons décoratifs de différentes couleurs. Observe le sac.

a) Florence veut enlever le seul pain de savon rouge du sac. Elle tire au hasard. Est-il certain qu'elle tire le savon rouge du premier coup? Explique.

_____

b) La probabilité de tirer au hasard un savon jaune est-elle plus grande que celle de tirer un savon bleu? Explique.

_____

_____

c) Est-il possible qu'elle tire un savon orange? Explique.

_____

3. Florence décide d'offrir un bouquet de fleurs à sa mère. Observe son bouquet.

a) Est-il certain que sa mère choisisse au hasard, en fermant les yeux, une fleur bleue ou une fleur mauve en premier ? Explique ta réponse.

_____

_____

b) En tirant une fleur les yeux fermés, est-il possible que sa mère choisisse une fleur jaune ? Explique ta réponse.

_____

_____

c) Est-il impossible que sa mère tire une fleur rouge ? Explique ta réponse.

_____

_____

4. Les événements suivants sont-ils possibles, impossibles ou certains ?
Complète les phrases.

a) Il est _____ d'avoir un 4 dans son numéro de téléphone.

b) Il est _____ d'avoir une pièce de monnaie canadienne de 11 ¢.

c) Il est _____ que le jour qui vient immédiatement après le lundi est le mardi.

Unité 6.2

Reconnaître l'équiprobabilité

pile   face

Exemple

Voici les 2 côtés d'une pièce de monnaie :

Si on la lance : la probabilité d'obtenir pile est de 1 sur 2, soit $\frac{1}{2}$

la probabilité d'obtenir face est de 1 sur 2, soit $\frac{1}{2}$

On a donc la même probabilité d'obtenir pile que celle d'obtenir face.
On appelle cette situation équiprobabilité.

1. Réponds oui si l'événement est équiprobable et réponds non si l'événement n'est pas équiprobable.

a) Juliette tire au hasard des carrés de papier où sont inscrites les lettres de son prénom. Elle se demande s'il est équiprobable de tirer une voyelle ou une consonne.

b) Jérémy met les pommes suivantes dans un sac et tire au hasard une pomme. Il se demande s'il est équiprobable de tirer une pomme rouge ou une pomme verte.

c) Élodie mélange les cartes suivantes. Elle se demande s'il est équiprobable de tirer une carte rouge ou une carte noire.

d) Frédéric se demande s'il est équiprobable que son anniversaire tombe un jour de semaine ou un jour de fin de semaine.

e) Samuel se demande s'il est équiprobable que le bébé dans le ventre de sa mère soit un garçon ou une fille.

2. Éli participe à un concours. Pour gagner, il doit dire si les situations suivantes sont équiprobables ou non équiprobables. Aide-le à remplir son tableau.

	Événement	Situation équiprobable	Situation non équiprobable
a)	Choisir une voyelle ou une consonne dans l'alphabet.		
b)	Choisir un crayon orange ou choisir un crayon mauve.		
c)	Obtenir face ou pile en lançant une pièce de monnaie.		
d)	Choisir un bloc rouge ou un bloc jaune.		
e)	Obtenir un nombre pair ou un nombre impair en lançant un dé régulier.		
f)	Obtenir un 2 ou un 4 en tournant cette roue.		

3. Dessine un événement équiprobable dans cet encadré.

Espace pour tes représentations

Probabilité

Unité 6.3

Prédire un résultat ou plusieurs événements en utilisant une droite des probabilités

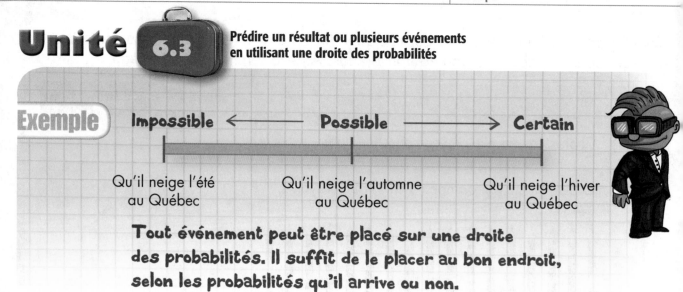

Exemple

Impossible ←————————— Possible —————————→ Certain

Qu'il neige l'été
au Québec

Qu'il neige l'automne
au Québec

Qu'il neige l'hiver
au Québec

Tout événement peut être placé sur une droite des probabilités. Il suffit de le placer au bon endroit, selon les probabilités qu'il arrive ou non.

1. Victor évalue la probabilité que les 4 équipes participant aux séries gagnent la Coupe d'or. Pour y arriver, il a dessiné une droite des probabilités. Observe-la et complète les phrases en indiquant si chaque événement est certain, possible ou impossible.

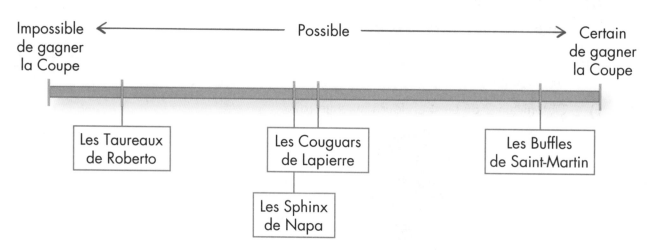

Impossible
de gagner
la Coupe

Possible

Certain
de gagner
la Coupe

Les Taureaux
de Roberto

Les Couguars
de Lapierre

Les Buffles
de Saint-Martin

Les Sphinx
de Napa

a) Il est _____ que les Buffles de Saint-Martin gagnent la Coupe d'or.

b) Il est plus _____ que _____ que les Taureaux de Roberto gagnent.

c) Il est _____ de dire maintenant qui va gagner.

d) Il est _____ qu'une des 4 équipes gagnera la Coupe d'or.

2. Éloïse partage au hasard des petits gâteaux avec ses camarades de classe. Elle en donne 1 à chaque élève. Place le nom des élèves sur la droite selon les probabilités que leur souhait se réalise.

a) Félix espère qu'Éloïse lui donnera un gâteau jaune.

b) Ariane souhaite recevoir un gâteau rose.

c) Éli veut un gâteau vert.

d) Gabrielle veut un gâteau bleu.

e) Mathis veut un gâteau orange.

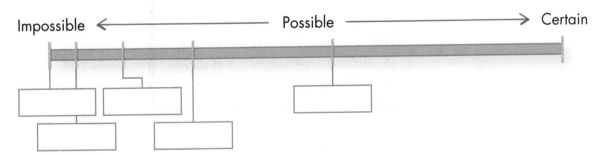

3. Vrai ou faux?

Selon cette droite, il est plus possible que Juliana gagne une médaille de natation que Marie.

_____

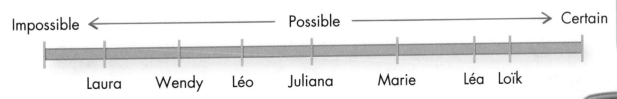

Probabilité

4. Olivier, William, Fred et Sarah sont au parc d'attractions. Ils jouent à un jeu où il faut faire éclater le plus de ballons pour gagner un énorme ourson en peluche. Ils doivent lancer chacun 10 fléchettes. Après 6 lancers de fléchettes, voici les résultats.

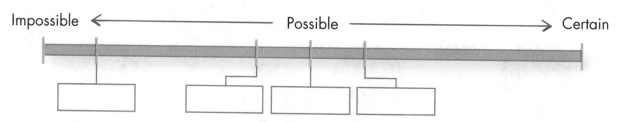

Olivier a fait éclater 4 ballons.
Fred a fait éclater 5 ballons.
William a fait éclater 6 ballons.
Sarah a fait éclater 1 ballon.

a) Place chaque personne sur la droite des probabilités selon la possibilité de gagner le toutou.

Impossible ← — — — — — — — — Possible — — — — — — — → Certain

b) Selon ta droite, qui est en meilleure position pour gagner l'ourson? _____

c) Chaque participant lance 2 autres fléchettes. Olivier, Fred et Sarah font éclater 2 ballons de plus chacun. William n'en fait éclater aucun. William est-il encore celui qui est en meilleure position pour gagner? Explique ta réponse.

_____

d) Voici les résultats finaux après les 10 lancers de fléchettes. Refais ta droite pour voir qui gagne l'ourson en peluche.

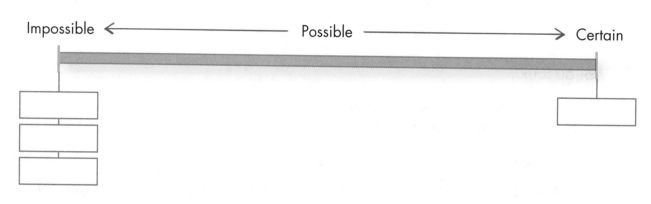

Olivier a fait éclater 6 ballons.
Fred a fait éclater 7 ballons.
William a fait éclater 6 ballons.
Sarah a fait éclater 3 ballons.

Impossible ← — — — — — — — — Possible — — — — — — — → Certain

Le gagnant est _____.

Unité 6.4

Dénombrer les résultats possibles d'une expérience aléatoire

Exemple

Julia possède une bague rose, une jaune et une verte. Elle tire au hasard deux bagues de son sac. Ce diagramme en arbre présente les résultats possibles.

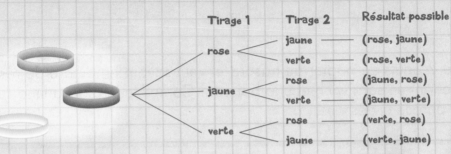

Tirage 1	Tirage 2	Résultat possible
rose	jaune	(rose, jaune)
	verte	(rose, verte)
jaune	rose	(jaune, rose)
	verte	(jaune, verte)
verte	rose	(verte, rose)
	jaune	(verte, jaune)

Une jupe pour hommes?

Les premières personnes à avoir porté des jupes sont des hommes. On appelait ce vêtement « tunique ». La tunique masculine se portait plus courte que celle des femmes. En Écosse, la jupe, appelée « kilt », est un vêtement masculin traditionnel.

1. Julien a trois petites figurines d'animaux sauvages. Il a un zèbre, un lion et jaguar. Il se demande combien de résultats possibles il peut avoir s'il tire 2 figurines de sa poche. Complète l'arbre des possibilités.

Espace pour tes représentations

	Tirage 1	Tirage 2	Résultat possible
	lion	_____	_____
		_____	_____
	zèbre	_____	_____
		_____	_____
	jaguar	_____	_____
		_____	_____

Probabilité

2. Marilou inscrit sur des bouts de papier tout ce qu'elle peut avoir pour diner.

Sandwich
au jambon (J)

Verre
de lait (L)

Sandwich
aux œufs (O)

Elle tire 2 bouts de papier au hasard et veut savoir le nombre de résultats possibles comprenant un sandwich et une boisson. Complète le diagramme suivant ainsi que la phrase ci-dessous.

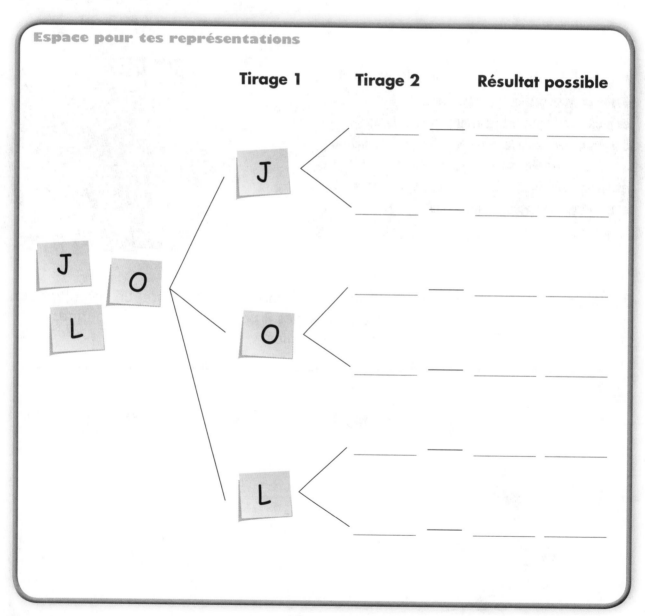

Marilou obtient _____ résultats possibles contenant une boisson et un sandwich.

3. Rosalie a trois chiens : Jack, Ti-loup et Maki. Elle a trois sortes de cadeaux pour eux : un os, une balle et un toutou. Aide-la à remplir le tableau des possibilités suivant.

Chien	Cadeau	Résultats possibles
		Jack pourrait avoir un os.
	Balle	
Ti-loup		
	Balle	
	Toutou	Ti-loup pourrait avoir un toutou.
	Balle	

4. Jonathan a quatre billes : une bille rouge, une bille verte, une bille noire et une bille bleue. Pour s'amuser, il tire au hasard 2 billes. Dessine un arbre des possibilités.

Espace pour tes représentations

Probabilité

Unité 6.5

Distinguer la prédiction du résultat obtenu

Exemple

Le hasard peut avoir une place importante quand tu essaies de prédire ce qui peut arriver. Une fois l'expérience faite, tu dois vérifier si ta prédiction est réellement arrivée ou si elle était fausse.

Lancers d'une pièce	1ᵉʳ	2ᵉ	3ᵉ	4ᵉ	5ᵉ
Prédictions	Pile	Pile	Face	Face	Pile
Résultats obtenus	Face	Face	Face	Pile	Face

Prédictions justes : **1**   Prédictions erronées : **4**

1. Dans la première semaine de mai, Martine note les prédictions du canal météo, le matin. À la fin de la journée, elle note la température, en degrés Celsius, qu'il a fait dans la journée. Elle compare les prédictions et les résultats obtenus.

Degrés \ Jours	Lundi	Mardi	Mercredi	Jeudi
Prédictions	10	12	19	
Résultats	11	12	23	13

a) En général, fait-il plus chaud ou plus froid que la prédiction du canal météo ?

_____

b) En voyant la température de jeudi, quelle pourrait être la prédiction du canal météo ?

_____

2. Maélie a 4 chandails et 2 jupes pour habiller sa poupée. Elle prévoit pouvoir habiller sa poupée de 6 façons différentes. Pour être certaine de sa réponse, elle lui fait essayer tous les vêtements.

a) Dessine toutes les combinaisons possibles de vêtements comprenant une jupe et un chandail pour voir si sa prédiction est juste.

Exemple:	
+	+
+	+
+	+
+	+

b) Complète la phrase suivante : Maélie pourra habiller sa poupée de _____ façons différentes.

c) La prédiction de Maélie était juste erronée.

Probabilité

Activités synthèse

1. Le papa de Thomas n'a pas terminé de ranger les vêtements lavés. Pour finir de s'habiller, Thomas tire donc deux bas dans la montagne de bas qui se trouvent sur le divan.

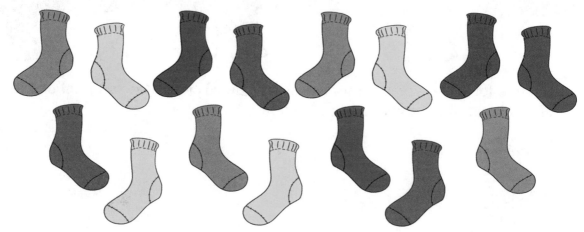

a) Est-il certain que Thomas tire deux bas de la même couleur du premier coup?

_____

b) Est-il possible ou impossible que Thomas tire un bas noir et un bas rose?

_____

c) Est-il certain ou probable que Thomas tire un bas rouge et un bas vert?

_____

d) Est-il certain, probable ou impossible que Thomas tire deux bas?

_____

2. Capitaine d'un club de soccer, Léa choisit les membres de son équipe pour une partie amicale. Lis les affirmations suivantes et place le nom de ses amis au bon endroit sur la droite des probabilités selon la possibilité qu'ils soient choisis par Léa.

1) Guillaume est le meilleur joueur.

2) Maelle est présente, mais elle est blessée. Il est presque impossible qu'elle joue aujourd'hui.

3) Ève n'est pas là aujourd'hui.

4) Martin joue bien.

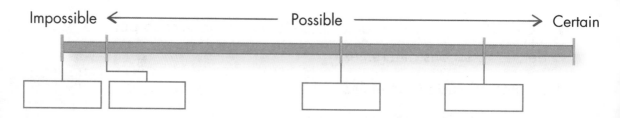

© 2013, Les Éditions CEC inc. • **Reproduction interdite**

3. Laurie prépare des cornets de crème glacée pour ses amies. Elles peuvent avoir un des trois parfums suivants : chocolat, vanille ou fraise. Ensuite, elles peuvent choisir entre un coulis de chocolat, des bonbons ou une cerise.

a) Dessine un diagramme en arbre afin de montrer toutes les possibilités qui s'offrent aux amies de Laurie.

> **Espace pour tes représentations**

Probabilité

b) Remplis les espaces vides du tableau suivant, montrant toutes les possibilités de cornets.

Parfum de crème glacée	Garniture	Résultats possibles
Chocolat		Cornet au chocolat avec coulis de chocolat
	Bonbons	
Vanille		
	Bonbons	
	Bonbons	

Lexique

Aire nom féminin

Mesure d'une surface délimitée par une figure.

Exemple :

L'aire de ce rectangle est de 12 carrés-unités.

Largeur :
3 carrés-unités

= 12 carrés-unités

Longueur :
4 carrés-unités

Angle nom masculin

Figure géométrique formée de deux demi-droites appelées « côtés », ceux-ci ayant la même origine appelée « sommet ». Les angles se mesurent habituellement en degrés (°).

Exemple :

Côté

Angle

Sommet

Côté

Arbre des facteurs

Schéma qui sert à dénombrer des éléments. Dans les opérations, il permet de trouver les nombres entiers.

Exemple :

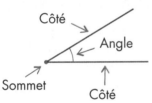

24

② × 12

② × 6

② × ③

2 × 2 × 2 × 3

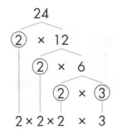

Arrondir verbe

Donner une approximation d'un nombre alors que sa valeur exacte ou une valeur plus précise est connue. Pour arrondir un nombre :

- remplacer par des zéros tous les chiffres à la droite de la position donnée, si le chiffre placé immédiatement à la droite de la position donnée est 0, 1, 2, 3 ou 4 ;

Exemple :

342 arrondi à la dizaine près est 340.

- additionner 1 au chiffre de la position donnée et remplacer par des zéros tous les chiffres à droite de cette position, si le chiffre placé immédiatement à la droite de la position donnée est 5, 6, 7, 8 ou 9.

Exemple :

12 883 arrondi à la centaine près est 12 900.

Capacité nom féminin

Volume de la matière liquide, ou pouvant se manipuler comme un liquide, contenu dans un solide ou un récipient.

Exemple :

La capacité de ces contenants est de 1 litre (L) et de 150 millilitres (mL).

1L

150ml

Couple nom masculin

Disposition ordonnée de deux éléments formant un nouvel objet. Cet objet est noté (x, y).

Exemple :

Le point d'intersection des droites $x = 3$ et $y = 2$ donne le couple $(3, 2)$.

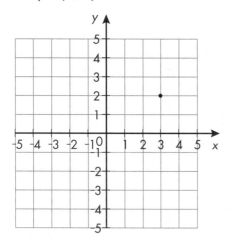

Développement d'un solide

Figure plane obtenue par la mise à plat de la surface du solide. Le développement d'un polyèdre impose de relier chaque face à au moins une autre face par une arête commune.

Exemple :

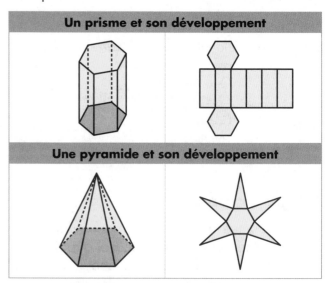

Décomposition d'un nombre

Représentation d'un nombre sous forme d'une somme de termes ou d'un produit de facteurs.

Exemple :

$144 = 100 + 40 + 4$

$144 = 72 + 72$

$144 = 12 \times 12$

Dénominateur nom masculin

Dans une fraction, nombre de parties équivalentes qui forment un tout. Ce terme est placé au-dessous de la barre de fraction.

Exemple :
$$\frac{2}{3} \leftarrow \text{Dénominateur}$$

Diagramme à bandes

Représentation graphique qui permet de comparer des données qualitatives ou quantitatives. La longueur ou la hauteur de la bande correspond à la valeur de chaque donnée.

Exemple :

Sports de combat pratiqués par les élèves de l'école

Nombre d'élèves

10
8
6
4
2

Karaté Judo Taekwondo Boxe Escrime Sports

Diagramme à pictogrammes

Représentation graphique qui permet de comparer des données qualitatives ou quantitatives à l'aide d'une image illustrant le sujet. La dimension ou le nombre de pictogrammes est proportionnel à la fréquence d'un événement.

Exemple :

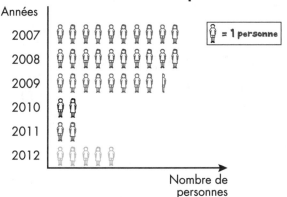

Diagramme en arbre

Représentation graphique illustrant toutes les possibilités d'un événement dans une expérience aléatoire à plusieurs étapes.

Exemple :
On lance 3 fois 1 pièce de monnaie.

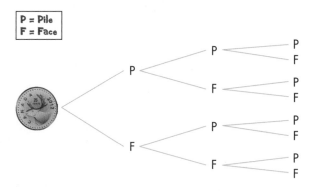

Diviseur nom masculin

Dans une division, nombre qui en divise un autre.

Exemple : 42 $\underline{|2}$ ⟵ Diviseur
    21

Droite numérique

Droite graduée au moyen de nombres pouvant faire partie de l'ensemble des nombres naturels, entiers ou réels. La graduation d'une droite numérique doit toujours être constante.

Exemple :

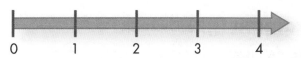

Enquête nom féminin

Étude statistique qui permet d'obtenir de l'information sur un sujet précis.

Équiprobables ou également probables

Se dit d'événements qui sont également possibles.

Expérience aléatoire

Expérience dont le résultat est déterminé par le hasard.

Exemple :
Lorsqu'on lance un dé, il y a 6 résultats possibles :

Il y a 2 résultats favorables si on veut obtenir un multiple de 3 :

Fraction nom féminin

Nombre élément de l'ensemble des nombres rationnels et pouvant s'exprimer sous la forme $\frac{a}{b}$, où a et b sont des nombres entiers, b étant différent de 0.

Exemple :
$\frac{5}{6}$ est une fraction.

Frise nom féminin

Bande continue dans laquelle un ou plusieurs motifs se répètent en suivant une régularité.

Exemple :

Gramme (g) nom masculin

Unité de mesure de masse correspondant à $\frac{1}{1000}$ (0,001) de 1 kg.

Exemple :

Un morceau de sucre pèse environ 5 g.

Hauteur nom féminin

Grandeur d'un objet, dont différents objets géométriques, de la base au sommet.

Exemple :

Kilogramme (kg) nom masculin

Unité de base de la mesure de masse du système international d'unités (SI).

Exemple :

Un enfant de 11 ans pèse entre 35 et 45 kg.

Largeur nom féminin

Grandeur d'un objet dans le sens de sa plus petite dimension.

Exemple :

Longueur nom féminin

Grandeur d'un objet dans le sens de sa plus grande dimension.

Exemple :

Masse nom féminin

Quantité de matière d'une personne, d'un animal ou d'un objet. Pour trouver la masse, on peut utiliser une balance ou un pèse-personne.

Mètre (m) nom masculin

Unité de mesure de longueur du système métrique.

Millimètre (mm) nom masculin

Unité de mesure de longueur égale à $\frac{1}{1000}$ (0,001) de 1 mètre.

Exemple :

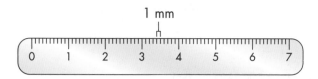

Multiplication nom féminin

Opération qui, à partir de deux ou plusieurs facteurs, a pour résultat un nombre appelé «produit». Une multiplication par un nombre entier équivaut à une addition répétée.

Exemple :

$$5 \times 12 = 12 + 12 + 12 + 12 + 12 = 60$$

Facteurs   5 fois   Produit

Nombre décimal

Nombre comprenant une partie décimale exprimée en base 10 avec un nombre fini de chiffres après la virgule.

Exemple :

0,35 et 9,2 sont des nombres décimaux.

Numérateur nom masculin

Dans une fraction, nombre de parties équivalentes qui forment un tout. Ce terme est placé au-dessus de la barre de fraction.

Exemple : $\dfrac{2}{3}$ ← Numérateur

Opération inverse

Opération qui annule le résultat d'une autre opération.

Exemples :

- L'addition et la soustraction de nombres réels sont des opérations inverses.

  $10 + 24 = 34$

  $34 - 24 = 10$

- La multiplication et la division de nombres réels sont des opérations inverses.

  $5 \times 2 = 10$

  $10 \div 2 = 5$

Ordre croissant

Disposition allant du plus petit au plus grand.

Exemples :

2, 4, 10	$\dfrac{1}{5}, \dfrac{3}{5}, \dfrac{4}{5}$	3,2, 5,2, 8,3
Nombre	**Fraction**	**Nombre décimal**

Ordre décroissant

Disposition allant du plus grand au plus petit.

Exemples :

32, 30, 24	$\dfrac{4}{5}, \dfrac{3}{5}, \dfrac{1}{5}$	10,3, 4,6, 1,5
Nombre	**Fraction**	**Nombre décimal**

Plan cartésien

Plan muni d'un système de repérage formé de deux droites graduées, appelées « axe des abscisses » et « axe des ordonnées », qui se coupent perpendiculairement en un point appelé « origine ».

Exemple :

Les coordonnées des points A, B et C :

A (3, 2)

B (3, 5)

C (2, 0)

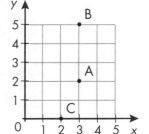

Polyèdre nom masculin

Solide limité par des faces planes polygonales.

Exemples :

Polyèdres	
Prismes	**Pyramides**

Polyèdre convexe

Polyèdre dont les segments joignant deux de ses points quelconques sont inclus dans la portion d'espace qu'il délimite.

Exemple :

Un prisme à base carrée est un polyèdre convexe.

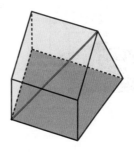

Polyèdre non convexe

Polyèdre dont au moins un segment joignant deux de ses points quelconques est exclu de la portion d'espace qu'il délimite.

Exemple :

Polygone nom masculin

Figure plane formée par une ligne brisée fermée. Le point de rencontre de deux côtés est appelé « sommet ».

Exemples :

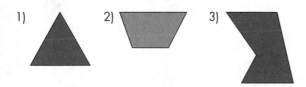

1) 2) 3)

Prisme nom masculin

Polyèdre ayant deux faces isométriques et parallèles appelées « bases ». Les parallélogrammes reliant ces deux bases sont appelés « faces latérales ».

Exemples :

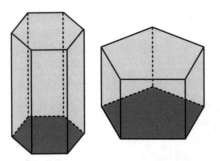

Probabilité nom féminin

Nombre entre 0 et 1 quantifiant la possibilité qu'un événement se produise. Pour un événement, il s'agit du rapport entre les résultats favorables et le nombre de résultats possibles de l'expérience aléatoire.

Exemple :

$$\text{Probabilité} = \frac{\text{Le nombre de résultats favorables}}{\text{Le nombre de résultats possibles}}$$

Profondeur nom féminin

Une des trois dimensions d'un objet dans une représentation en trois dimensions.

Exemple :

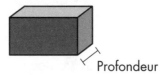

Profondeur

Pyramide nom féminin

Polyèdre constitué d'une seule base polygonale et de faces latérales triangulaires ayant un sommet commun appelé « apex ».

Exemples :

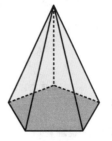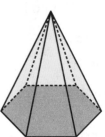

Tableau nom masculin

Représentation permettant de présenter d'une façon claire et concise une série de données pour en faciliter la consultation.

Exemple :

Montagne	Altitude (en m)
Mont Tremblant	968
Mont Sainte-Anne	800
Mont Saint-Sauveur	416

Température nom féminin

Grandeur caractéristique de l'état d'un corps plus ou moins chaud. La température est généralement mesurée en degrés Celsius.

Exemple :

La température du corps humain est d'environ 37 °C.

Temps nom masculin

Durée d'un phénomène. Les principales unités de mesure du temps sont la minute (60 secondes) ; l'heure (60 minutes) ; le jour (24 heures) ; le mois (28, 29, 30 ou 31 jours) ; l'année (365,25 jours).

Translation nom féminin

Transformation géométrique qui permet d'associer, à toute figure initiale, une figure image selon une direction, un sens et une longueur donnés.

- On utilise le symbole t pour désigner une translation.
- On décrit une translation à l'aide d'une flèche de translation qui indique la direction, le sens et la longueur de la translation.

Exemple :
La figure A'B'C' est l'image de la figure initiale ABC par la translation t.

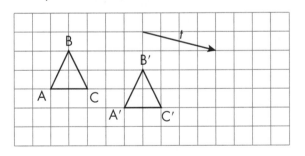

Triangle nom masculin

Polygone à trois côtés.

Exemple :

Classification des triangles		
Côtés	**Nom**	**Représentation**
Aucun côté isométrique	Scalène	
Deux côtés isométriques	Isocèle	
Tous les côtés isométriques	Équilatéral	

Valeur de position

Valeur d'un chiffre en fonction de sa position dans l'écriture d'un nombre.

Exemple :

Dans le système de numération en base 10, chaque position possède une valeur 10 fois plus élevée que celle de la position immédiatement à sa droite.

Unités de mille	Centaines	Dizaines	Unités	,	Dixièmes	Centièmes	Millièmes
1000	100	10	1	,	$\frac{1}{10}$	$\frac{1}{100}$	$\frac{1}{1000}$

Partie entière	Partie décimale

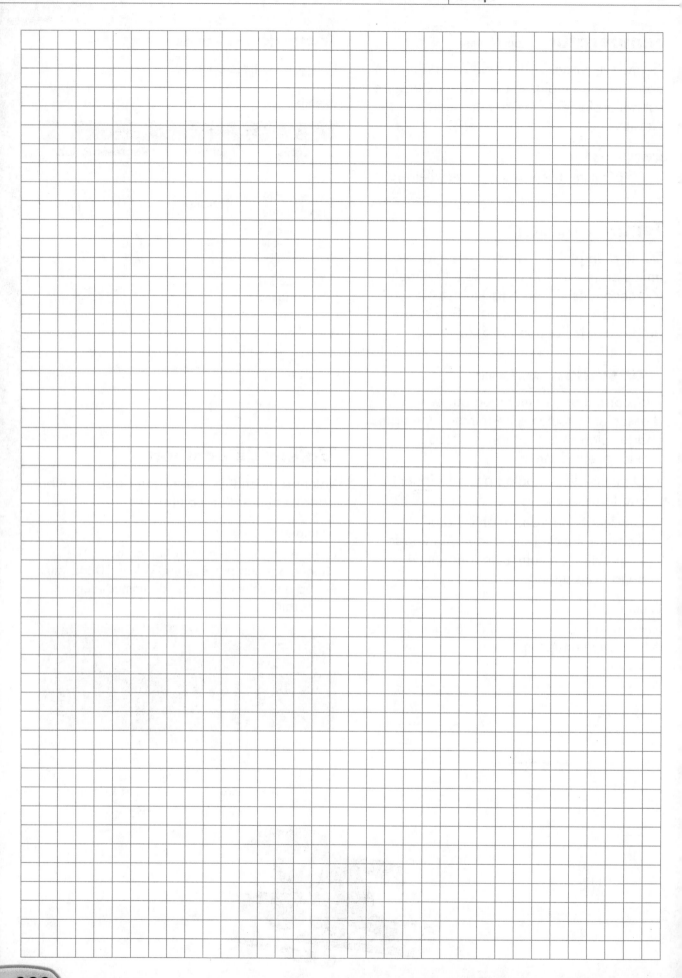